冷戰下的國軍游擊隊

反共救國軍 上

ROC Guerrillas in Cold War:
The Anti-Communist National Salvation Army - Section I -

林桶法　主編

前言

　　1949 年國軍相繼轉進至舟山、大陳及臺澎金馬等東南沿海
地區。原江浙閩粵等地方團隊與許多忠貞愛國之士，紛紛高舉反
共義旗，誓志光復神州，遂以東南沿海島嶼為基地，組織反共武
力，對敵展開海上突擊或敵後游擊作戰。這些組織統稱「江浙閩
粵反共救國軍」。爾後「江浙閩粵反共救國軍」為因應國軍建軍
政策及臺海情勢之變化，歷經數次整編而逐漸正規化。因此反共
救國軍成立的主要原因當然是整頓各地區的游擊部隊，另一目的
即為反攻大陸與蒐集情報。在冷戰脈絡下，加上韓戰局勢的發
展，1951 年陸續成立九個反共救國軍總指揮部（Anti-Communist
National Salvation Army, ACNSA）讓各游擊區游擊部隊及游擊工
作，得以統一指揮。

序號	成立時間	組織名稱
1	1951 年 1 月 10 日	雲南反共救國軍總指揮部
2	1951 年 1 月 10 日	福建反共救國軍總指揮部
3	1951 年 3 月 20 日	粵東反共救國軍總指揮部
4	1951 年 3 月 20 日	粵南反共救國軍總指揮部
5	1951 年 3 月 20 日	粵西反共救國軍總指揮部
6	1951 年 3 月 20 日	粵北反共救國軍總指揮部
7	1951 年 3 月 20 日	粵中反共救國軍總指揮部
8	1951 年 10 月 16 日	海南反共救國軍總指揮部
9	1951 年 10 月 25 日	江浙反共救國軍總指揮部

資料來源：〈國防部參謀總長職期調任主要政績（事業）交代報告〉（1954 年 6 月），
　　　　　《國軍檔案》，國防部藏，檔號：0000 3712，頁 285-286。

　　以江浙閩粵反共救國軍發展為例，大約可分為成立、整訓、
發展、整編等四個階段。

（一）成立時期

1949 年 4 月下旬，共軍大舉渡江南侵，江浙閩粵等東南沿海省分相繼淪落，國軍奉命轉進至舟山、大陳及臺澎金馬等地區。原江浙閩粵之地方團隊與忠貞愛國之士，紛紛組成反共武力，以東南沿海島嶼為基地，為反共爭民主自由而戰，對敵展開海上突擊與敵後游擊作戰，這些組織統稱「江浙閩粵反共救國軍」。雖然反共救國軍分為九個指揮部，但主要還是浙江、閩、粵三個地區。

1. 江浙沿海地區

1949 年，江浙地區已有浙南、獨立第一、第七、第二十七、第二十八、第三十五、第三十六等縱隊及浙江人民反共突擊軍總指揮部暨所屬各縱（支）隊等單位。5 月，駐舟山國軍轉進臺灣，原活動江浙內陸之地方反共武力，活動日趨艱難，紛紛潛入浙東沿海島嶼，及參加游擊工作者日眾，在原反共武力外，新成立第五、第二十八、第二十九、第三十五、第三十六等縱隊，及獨立第七游擊縱隊、海上船舶游擊獨立第一縱隊、第一〇一路（轄行動、突擊、第七、第八、第十及第二十七等縱隊）等部隊。

2. 粵沿海地區

1949 年 6 月，福建省海上保安第一縱隊奉福建綏靖公署之命令成立於閩江口川石島，旋遷至馬祖、白犬（莒光）兩島，以王調勳擔任司令。該縱隊轄五個支隊、二個獨立大隊。1949 年 8 月，東南人民反共救國軍於廈門成軍，由黃炳炎擔任司令，轄有十四個縱隊，該部隊活動於閩省沿海及閩粵邊境地區。1950 年 4 月，政府為使閩省敵後工作指導靈活，令王調勳司令兼組「福建人民反共突擊軍總指揮部」，以白犬島為基地，共轄十三個縱隊及十一個獨立支隊，扼守閩江口，並在閩北沿海島嶼及閩省內地

從事反共突擊活動。同年 5 月，東南人民反共救國軍於金門改編為福建省游擊指揮部，由胡璉將軍擔任指揮官，下設閩南地區司令部，轄特務大隊、直屬第一縱隊、海上突擊第一、第二縱隊。該部除活躍於閩南沿海外，並在閩西南及閩粵邊境從事敵後突擊工作。

3. 滇緬地區

周至柔根據 1952 年大陸工作處的報告原游擊部隊人數總兵力約一百餘萬，實際上有聯絡（電臺者）約九萬餘人，其中江浙約二萬人，福建約六千人，雲南約一萬餘人，[1] 雲南地區的游擊部隊以李彌部隊為主，因國共內戰輾轉至滇緬一帶，為整編游擊力量於 1951 年 1 月成立雲南反共救國軍總指揮部，主要的活動範圍在緬、寮邊境區域，甚至在當地興建猛撒機場。

（二）整訓時期

國防部為統一及整建閩省沿海反共武力，1951 年元旦，將福建省游擊指揮部改編為福建省反共救國軍總指揮部，總部設在金門，以胡璉將軍兼任總指揮官，並劃分閩南、閩北兩地區司令部，分別以金門、白犬為基地，至是閩省各反共武力之番號名稱始告統一。

5 月，福建省游擊指揮部所轄各部隊，改編為福建省反共救國軍閩南地區司令部，由原游擊指揮部參謀長王盛傳擔任司令，下轄一個直屬大隊、一個獨立支隊及第一一一、第一一二、第一一三、第一一四、第一一五等五個縱隊。10 月，福建省海上

---

[1] 〈劉士毅呈蔣中正有關周至柔呈閱該部大陸工作處所編訂「大陸游擊部隊概況表」摘要並附原件〉，《蔣中正總統文物》，國史館：002-080102-00103-002。

保安第一縱隊改編為福建省反共救國軍閩北地區司令部，駐地在白犬島，由王調勳擔任司令，下轄直屬第一、第二支隊、巡艇總隊及第一一六、第一一七、第一一八、第一一九、第一二〇等五個縱隊。同時由金門防衛司令部撥入直屬第一大隊及粵東大隊，並直轄有一個海上支隊。同年秋，在美國西方公司協助下整訓完成，為測驗集訓戰力及發展敵後工作，曾以兩個縱隊在閩中南部登陸，向閩中挺進，經激戰後轉為地下活動。

9月，胡宗南將軍（化名秦東昌）奉命前往大陳地區，整建指揮江浙沿海地區反共部隊，將江浙人民反共突擊軍總指揮部改編為江浙反共救國軍總指揮部，並在漁山、一江山、披山及南麂分別成立四個地區司令部。同時另編成第一至第六突擊大隊、一個砲兵大隊及海上總隊，下轄五個突擊艇隊及一個運輸艇隊，還有一個特勤大隊、一個工兵及一個本部中隊等。江浙沿海地區反共武力在改編後立即整補械彈，成立東南訓練團，開始編練各地區部隊，並在美國西方公司協助下，繼續執行突擊任務，在浙東三門至玉環沿岸及沿海島嶼，對敵發起多次突擊戰役，均獲豐碩戰果。

（三）發展時期

1952年8月，福建省反共救國軍總指揮部擴編直屬第二、第三大隊，至此閩省反共武力更為壯大，建制較健全。10月13日，福建省反共救國軍突擊南日島，締造「南日大捷」，是役被譽為陸軍突擊戰中最成功之一役。1953年2月，為健全「福建省反共救國軍總指揮部」指揮機構，陸續成立三個步兵突擊支隊及二個海上支隊，每支隊轄二至三個大隊。7月16日，福建省反共救國軍參與突擊東山島，創下「永不褪色的碧血」之最高榮譽。

同年秋，大陳防衛司令部成立，由劉廉一將軍擔任司令，國防部增派國軍正規部隊駐守大陳列島，並令撤銷江浙反共救國軍總指揮部，所轄各地區司令部、海上突擊總隊及所屬各艇隊、各突擊大隊、各發展縱隊等單位，總指揮胡宗南將軍調職，改由大陳防衛司令部司令劉廉一將軍統一指揮節制。

（四）整編時期

1954 年 3 月，國防部為配合整軍建軍計畫，重新調整福建省反共救國軍總指揮部編制，將閩南、閩北兩地區司令部裁撤，改編為閩南、閩北兩敵後工作處，歸國防部情報局指揮。時閩南敵後工作處，轄第一一一至第一一五等五個發展縱隊。閩北敵後工作處則轄原第第一一六至第一二〇等五個發展縱隊，各支隊番號同時調整為第四十一、第四十二、第四十三、第四十五、第四十六等五個支隊，共轄九個大隊及四個艇隊、四個直屬中隊之兵力。7 月，福建省反共救國軍總指揮部為配合政府整軍計畫，充實國軍戰力，將第四十四支隊第一大隊、第四十五支隊與粵東大隊之三個中隊，分別撥交第四軍及第九軍。另編餘之隊員，乃編成指揮部直屬第一大隊。

1955 年 1 月 18 日，共軍大舉進犯一江山，國軍守軍與敵血戰三晝夜，最後全體壯烈成仁。2 月，大陳軍民奉命轉進臺灣，江浙反共救國軍總指揮部所轄機構及部隊先進駐嘉義，稍後移防澎湖漁翁島整訓。4 月，江浙反共救國軍總指揮部改編為反共救國軍第一總隊。

5 月 1 日，福建省反共救國軍總指揮部整編為反共救國軍第二總隊。同日，反共救國軍指揮部於臺北圓山成立，由鍾松將軍出任指揮官，反共救國軍第一、第二總隊之指揮權歸由陸軍總

部直接指揮。1960 年 9 月，反共救國軍指揮部所轄反共救國軍第一、第二總隊併編為陸軍反共救國軍，指揮部設在東引。11 月，陸軍反共救國軍指揮部正式成立，由張雅山將軍出任指揮官。其他地區的發展因地方不同而異。

反共救國軍的發展又與美國有極大的關係，美國在 1949 年後對臺灣的政策，模糊中的一條明線，即是臺灣地位的重要性，臺灣不容再失，並以此牽制共軍及俄軍。NSC 37 文件指出，臺灣對美國具有重要戰略意義，如任其受共黨支配將「對美國國家安全造成嚴重不利」。不過考慮到美國在全球承擔的責任，參謀長聯席會議建議的保臺政策，摒除軍事選項，認為應該「採取外交與經濟手段以確保一個與美國友好的臺灣當局，避免共黨控制臺灣」。這份評估稍後得到國務院與白宮的支持，成為美國對臺新政策。對臺軍援方面時常變動，以消極防禦為主，但又積極裝備與訓練，其中不變者即是不以軍事介入臺海的衝突，美國一再表示第七艦隊協防不包括大陸沿海一帶。

由於中華民國遷臺初期政府財政以及後勤補給因素上的種種因素，游擊部隊武力之建構、訓練以及裝備之獲得都非常困難。韓戰爆發後，美國為牽制朝鮮半島上共軍，由中央情報局於 1951 年 2 月在臺灣成立西方公司，負責支援游擊部隊的訓練、補給與突擊等等工作。由查理・詹斯頓（Charles S. Johnston）擔任董事長，威廉・皮爾斯（William Ray Peers）負責主持西方公司駐臺北辦事處的業務。較後的美國負責人是美國海軍通信中心主任兼美國中央情報局的臺灣代表克萊恩（Ray Steiner Cline）。西方公司表面是民間公司，但實際上隸屬於美國中央情報局政策協調處，指揮官是漢彌敦上校（Edwaed S. Hamilton），其成員為自美國各戰鬥單位選出七十多位精銳軍官，負責訓練國軍，不

僅提供胡宗南部武器等支援，甚至直接參與組訓、戰術及反攻行動。1951 年設立游擊幹部訓練班，由大陸工作處及西方公司負責監督指導，釐訂召訓計畫，分期調訓各級幹部。執行方式，由江浙反共救國軍總部大陸工作處、西方企業公司派員聯合組成參謀處，負責該項游擊部隊計劃、訓練、裝備、補給事項（技術督導由企業公司派任）。

該公司工作項目有三：即游擊隊組訓、對敵心理作戰、情報之收集。西方公司與美國軍事援助顧問團（U. S. Military Assistance Advisory Group, MAAG）在臺的工作區分為雙軌制，西方公司不能指揮有正式番號的正規部隊，僅能與大陸工作處指揮游擊部隊進行情報蒐集與游擊作戰，提供戰略計畫與武器。美軍顧問團提供國軍軍事作戰的訓練。然有時也非清楚劃分西方公司雖然由美國中情局指揮，但政策上仍以美軍顧問團為主。當時將沿海突擊、海上攔截即游擊部隊之訓練與裝備補充等依權責劃分為「祕密」、與「公開」，公開者歸軍援團，祕密者由西方公司負責。

即使反共救國軍有美國的支持，然在冷戰脈絡下，隨著遠東戰事的變化，加上本質上的問題，其實面臨許多困境。

（一）部隊整編的輕重緩急

1949 年後半起，國軍相繼撤退至臺灣，內部必須進行整編與訓練，國軍部隊的裝備在經過國共內戰的衝擊下，損失相當嚴重，必須整補，對於美國的援助分成兩方面，一是藉國軍整編機會向美軍軍事顧問團爭取援助，另一方面則藉大陸沿海地區游擊部隊的發展，向西方公司提出裝備與其他的要求。

游擊部隊雖然不斷提出需求，但在取捨上，鞏固臺海局勢與進行軍事反攻，礙於美國的態度，無法獲得大量的援助，也影響到游擊部隊反攻的成效。參謀總彭孟緝簽報頃接鮑恩團長函復其

要點為：

A. 限於美國最高當局在軍援方案下對主要戰鬥部隊之限額，不可能以增加反共救國軍而增高其限額。

B. 將反共救國軍改編成正式部隊亦難實施。

C. 裁撤正規部隊以容納反共救國軍，亦非妥善措施。[2]

（二）美國態度

美國自 1948 年以來對臺灣的立場，隨著局勢變化相當模糊不定，從美國國務院的報告中一度提出「臺灣地位」未定論的論調，中共建政之後，CIA 的報告強調臺灣地位的重要性，不容再為中共所占，[3] 美國也意識到臺灣本島的重要性，[4] 強調要經由政治手段嚴守臺灣，其後由於韓戰的爆發，美國積極協助臺灣，但政策仍以守臺灣本島為主，[5] 既不贊同大規模進行攻擊，協防亦不包括大陸沿海地區，在此情況下，以「祕密」援助為主的西方公司，和與公開為主的軍援團並不同調，西方公司撤出沿海的支援某方面也代表沿海軍事反攻告一段落。

（三）地理及實施的困頓

由於反共救國軍所處地方大部分在中共控制地區或外國地區，離臺灣本島過遠，不論是人員的徵集或裝備的補給備感困難，游擊部隊生活困難，補給常處於被動、有時空投設備或物資落入敵方之手，1953 年接濟雲南游擊部隊，經會同空軍總部、

---

2 〈為簽報反共救國軍爭取美援裝備與訓練經過情形由〉，《反共救國軍整編計畫及爭取美援裝備》，檔案管理局：AA05000000C/ 0044/1930.1/7421。

3 Possible Developments in China 1948.12.19., Probable Developments in Taiwan 1949.3.14. CIA Research Reports (CHINA, 1946-1976), 國立政治大學圖書館典藏微卷。

4 *Foreign Relations of the United States, 1949, The Far East: China,* Volume IX, NSC 37/2.

5 Information about Chinese Nationalist military strength in Formosa (Taiwan), FO 371/92300; *Foreign Relations of The United States, 1950, East Asia and The Pacific,* Volume VI.

復興航空公司及雲南總部（駐臺辦事處）研商，B-24 機因性能關係無法空投，改以復興公司之 PBY 機擔任。地方游擊部隊生活困難要求經費給一半、要求人員無法補充，因此常處於自生自滅的狀況，一但被中共發現即難以為繼。1953 年 1 月 10 日西方公司杜蘭義致大陸工作處兼處長鄭介民備忘錄：「本人曾於最近視察大陳游擊隊情形時，發現該地區游擊隊之營舍，均將迅速受到損壞。」[6] 可知反共救國軍的困頓。

（四）反共救國軍內部的問題

由於反共救國軍的性質就是地方的雜牌軍，常對中央命令打折扣，人員素質參差，如緬北地區李部不聽勸導未撤臺者，尚有約四千人。周至柔總長對雲南反共救國軍副指揮官柳元麟的撤退意見案提到：「經對柳元麟來電縝密研究，深感該部事實上已不可能生存於緬境，尤不可能滲入大陸，且緬方早已預料我必置主力，繼續控制緬北地區。倘准其所請，則非但將來使彼等消滅，顯見我所宣示繼續全部撤退乃是騙局，對我政府信譽影響殊大，同時李彌不可能回防，故認為柳元麟所呈辦法絕不宜實施。」[7] 柳元麟在《滇緬邊區風雲錄》提到：「段希文、李文煥在第一次撤臺時不肯撤，因為他們都是雲南人，原來並不是第八軍，而且與馬幫有關係，所以即使打敗仗，他們也可以在哪裡生存（靠運鴉片生存）。」又說：「最大的困難是部隊裡一般的雲南人不願意撤退，當初退出大陸的大多是一些雲南漢人地主、富農，土人也有，但較為少數，其中還包括一些馬幫成員所收編。」[8] 雲南

---

6 〈一月十日西方企業公司杜蘭義致大陸工作處鄭介民備忘錄全文〉，《蔣中正總統文物》，國史館：002-080106-00080-010。

7 《滇緬邊區游擊隊作戰狀況及撤運來臺經過》，檔案管理局：AA05000000C/0040/0520/3418。

8 柳元麟口述，《滇緬邊區風雲錄》（臺北：國防部史政編譯局，1996），頁

內部如此，江浙及閩粵亦復如此。

　　本彙編共分五章，主要以檔案管理局典藏國軍檔案為主，其次則是國史館典藏的相關資料，蒐錄二一九則檔案，有部分檔案有密切或實質的關係，因此用副則加以羅列，總件數超過二五○則。

　　編排原則，以記事本末性質按主題分類，再以編年體性質按時間先後排序（由於檔案的時間為民國，因此採民國紀元）。因為有關反共救國軍之史料甚多、時間甚長，故以 1950 年代為主，相關戰役部分如大陳戰役、一江山戰役等並未收錄其中。部分地圖因形制稍大，並未呈現於書中。

　　期望本史料的出版，鼓勵更多人進行此相關課題的研究。

凡例

一、每篇資料以●項目符號做標示，同一篇內之相關資料，則
　　以◎項目符號做標示。

二、為便利閱讀，部分罕用字、簡字、通同字，在不影響文意
　　下，改以現行字標示，恕不一一標注。

三、原件之補充或註釋文字，使用圓括弧（）。本書編者註釋，
　　則使用方括弧〔〕。

四、原件序號有錯誤者，不作更動。

五、部分表格之中文數字，改以阿拉伯數字呈現。

六、原稿無法判讀之文字，以■標示。

七、本書資料內容，為保留原樣，維持當時「匪」、「共匪」等
　　用語。

目錄

下冊

第一章　游擊部隊的誕生

一、各地游擊部隊之成立

● 閩粵邊區海陸游擊部隊擬編計劃大綱（民國 38 年 7 月）

（一）動機

　　吾人過去流亡三年，剿匪六載，抗戰八秋，出生入死，前仆後繼，要在求國家民族之生存。勝利後，鳥盡弓藏，所有力量，分佈民間，各安原來工作，比來大局惡化，吾人本愛國熱忱，不忍坐視不救，復念國府宣佈封鎖沿海，以現有力量之性能，尚堪兼負此項部分之任務，爰相約赴義，集合同仁，共圖為國家效力，惟鑑於過去指揮聯絡之不確實，乃求直接受最高長官之統率，至成敗利鈍在所不計焉。

（二）名義

　　閩粵邊區海陸游擊縱隊，或其他適當名義。

（三）現況

　　　　A.兵源：（甲）前軍統局廈汕海上行動隊，貳個大隊。

　　　　　　　　（乙）前中美所華安班水陸兩棲部隊，貳個大隊。

　　　　　　　　（丙）前潮澄饒澳抗敵義勇軍，壹個總隊。

　　　　B.裝備：輕機槍壹百挺，重機槍八挺，各式廠造步槍四千五百餘桿，電輪參艘，機帆船五艘，帆船二十餘艘。

　　　　C.兵籍：閩籍約八百人，餘皆屬粵東各縣。

　　　　D.兵力：（甲）裝備兵五仟人（陸上三千五百人，海上壹千五百人）。

　　　　　　（乙）後備徒手兵貳萬五千人（陸上二萬人，

　　　　　　　　 海上五千人）。

　　以上四分之三，運用人事關係，寄養各縣；四分之一，
　　則集體從事農、漁。

　E. 駐地：閩粵邊區之雲霄、詔安、東山、饒平、澄海、
　　　　　 潮陽、潮安、揭陽、豐順、南澳及海面。

　F. 官佐：（甲）官，十分之八，行伍出身。

　　　　　 （乙）佐，全部軍事學校學生。

（四）要求

　A. 海上部隊：以南澳、東山二島為基地，陸上部隊，以
　　　 現住各縣為基地。

　B. 發給壹個砲兵團（小砲）及海岸要塞重砲貳個營之裝備。

　C. 裝甲砲艇：五百噸以上者貳艘，二百噸以上者貳艘，
　　　 百噸以上者四艘，五十噸以下者若干艘（時速須十五海
　　　 浬以上），小型魚雷艇貳至四艘，配齊武裝。

　D. 通訊器材：無線電收發報機二十五台，軍用電話機
　　　 六十架。

　E. 醫藥：壹個後方醫院，三個野戰醫院之設備。

　F. 械彈修造廠：壹個（小規模）動力及工作母機配齊。

　G. 彈藥：就現有裝備，步槍每桿配五百發，機關槍每挺
　　　 配貳萬五千發，砲彈依照所配口徑各配一百顆，槍榴彈
　　　 壹萬顆，手榴彈六萬顆，爆破及工兵應用器材若干（均
　　　 按半年消耗）。

　H. 徒手後備兵，按普通建制裝備乙半（餘半數擬向敵補足）。

　I. 砲、工、通訊、衛生、政訓、特工等特業人材，請儘
　　　 量擇優選派。

　　J. 被服、冬夏各三萬套。

（五）任務

　　A. 海上部隊，負責封鎖破壞敵海交通，促成敵方對國際發生糾紛。

　　B. 陸上部隊，目前負責駐地區清剿工作，萬一國軍轉移沿海大陸地區後，則負確守現駐地及出海通道與島嶼，備為國軍反攻時之灘頭據點。

（六）擬編程序

　　A. 原則認可後，請派大員偕同代表飛粵點驗。

　　B. 點驗後認為可用，請即發給裝備。

　　C. 由代表飛台至發給裝備，時間以廿日為限。

　　D. 需要人員，與裝備同時派遣。

　　E. 大陸底定後，聽任改編，或收回裝備遣散。現以游擊姿態出現，直接歸受最高長官指揮。

● 福州綏靖公署朱紹良電呈總裁蔣中正對於洪之政等部收編意見（民國38年8月3日）

駐地：福州（戈二字第5591號）

事由：為報收編洪之政等部

受文者：總裁蔣

　　台北草山俞局長濟時兄轉呈總裁蔣，奉交下對於閩粵邊區游擊部隊收編一案，經派本署高參陳佑民等攜同該部代表湯君沐於午齊前往汕頭、潮安等地實地視察，並轉發鈞座慰勞金五千元，該員等午養返署。茲將視察情形暨本署對於該部收編意見臚陳如次：

（一）洪之政部（現任粵八區專員），現有 5,310 人，步槍 3,710
枝，輕機 129 挺，重機 10 挺，手槍等 406 枝。擬編為閩
粵邊區暫編縱隊，轄二至四個團，由洪之政任縱隊司令。

（二）凌德民、曾雄兩部，現有 1,257 人，長短槍 2,711 枝，編
為閩粵邊區暫編獨立支隊，轄三個大隊，由凌德民任支
隊司令。

（三）湯君沐部編為閩粵邊區暫編縱隊海上支隊，由湯君沐任支
隊司令。

以上各該部統直隸國防部，受東南軍政長官指揮。

（四）裝備及補充：

　　甲、洪之政部，除自行裝備輕兵器兩個團外，其餘兩團
　　　　及各團重兵器，擬請鈞座指撥予以裝備。

　　乙、該部目前亟需彈藥，擬飭第一補給分區先發步彈參
　　　　萬粒以資接濟。

　　丙、糧秣由該部自籌，其薪餉及被服擬請准予核發。

　　丁、湯君沐部擬請飭發 500 噸砲艇一艘，100-200 噸砲
　　　　艇四艘，50 噸以下砲艇四隻，步兵砲卅門，重機槍
　　　　十六挺。

（五）編成及點驗：編成日期以兩個月為限，編成後即開始點
驗，並於編組時，由台派員協助辦理。以上各項是否有
當？謹電核示。

　　　　　　　　　　　　　　　　　　　　榕職朱紹良
　　　　　　　　　　　　　　　　　　　未（東）戈二印

● **王東原呈述〈開展全面游擊計劃大綱〉（民國 38 年 8 月 17 日）**

　　查國防部頒佈之匪後全面游擊辦法規定：凡匪後游擊政府之省主席，均兼任各該省人民反共自衛救國軍總司令，專員均兼任各該區人民反共自衛救國軍總指揮。縣長均兼任司令。其因地方官吏棄職逃走，由人民揭竿而起，組織反共力量，而能控制一縣者，承認其為縣長，能控制者一區者，承認其為專員，能控制一省者，承認其為省主席。滕傑所呈之大綱，第三條：「人民救國軍聯軍以匪區民間反共武力及友邦志願兵為對象」。是則根據國防部之規定，可自行發動匪後反共部隊，祇須著有成績，自可承認其存在，並予加委。似不必先空立人民救國聯軍總司令部，以免多一機關多耗政費。如其反共軍力日益擴展，則可依國防部之規定及事實需要，逐漸成立高級指揮機構。

二、本大綱第五、六、七、八各條均屬可行，似可飭遵右第一項之原則辦理。

三、國防部頒佈之匪後游擊辦法內規定：凡游擊政府所需經、臨各費，應以就地自力更生為原則，中央可酌予一次補助費及彈藥、電台等，故本大綱第十一條請一次撥助基金二百萬美元及第十二條請借發電台事，可由國防部酌辦。

　　綜右所述，為多面發展匪後游擊，本大綱原則可行，但其組織成立、活動，以及補助經費電台彈藥等事，均宜由國防部統籌全局予以指導。

擬辦：擬交顧總長核辦，並飭滕傑逕行洽辦。

　　　　　　　　　　　　　　　　　　　職王東原呈

　　　　　　　　　　　　　　　　　　　八月十七日

如擬。

少谷

附件：開展全面游擊計劃大綱（滕傑呈送，奉交審查）

一、為全力打擊匪軍，扭轉今日艱危局勢，組織人民救國聯軍，摒除官僚作風，以最有效最迅速之方法，開展全面游擊工作。

二、人民救國聯軍，由黨政性組織之中國人民救國大同盟產生之。為有效號召，便於爭取國際同情與支助起見，對外純以人民自發姿態，組織軍事力量，政府於暗中作原則性之領導，力避以現任大吏奉行故事。

三、人民救國聯軍，以匪區民間反共武力及友邦志願兵為領導指揮對象，以民間武力組成者，為人民救國軍。以友邦志願兵組成者，稱人民義勇軍，旅外僑胞回國參加反共軍事者，得組華僑救國軍。

四、人民救國聯軍，組設聯軍總司令部，於各地劃分區域，成立兵團總指揮部（番號以數序）兵團以下，仿照軍師編制，友邦志願兵及華僑，準此定其番號，在後方各省奸匪盤據活動之邊區，為協助政府消滅土共並準備游擊，亦得商請地方軍政當局之同意，頒發人民救國軍名義，籌組民間武力。

各級軍事組織，均設人民代表（以地方具有人望之自然領袖任之，其性質同於黨代表），處理有關人民之事務。

五、依當前形勢，即於東北、華北、西北、華中、華東等地區，策動人民救國軍之組織，開展全面游擊，牽制匪軍，減輕華南之威脅。

六、東北以現留長白山之日軍，及策反張學詩部，連絡馬占山、蘇炳文等舊部，為發動基礎。向長、瀋、營（口）、錦游擊，進而祕密連絡策動，原傅作義及中央在華北尚未被匪完全消化之各軍，發動游擊。以平津外圍為活動地區，西北方面利用內蒙騎兵活動，甘、寧遙為聲援之。

七、華中、華東，以業有連絡之伏牛、桐柏、大洪、大別諸山地區及蘇、魯、豫、皖邊區各種民間武力發動之。

八、華南各準備游擊地區，視戰局轉移，隨時策定辦法，會同地方當局行之。

九、各游擊部隊，以因糧於敵，因械於敵為原則，惟派遣人員之旅費、生活費、安家費及幹部訓練經費等，由聯軍總司令部籌撥，必要時之彈藥，醫藥通訊器材等，亦由聯軍總司令部籌辦之。

十、為爭取時間起見，在黨政性組織未形成前，人民救國聯軍總司令部，於原則奉核可後，先行開始行動。

十一、本組織全部經費，以自籌為原則，惟在創始之初，力多不逮，擬請政府一次撥助基金美元二百萬元，以便積極進行。

十二、通訊情報為游擊之命脈，擬先請聯勤總部撥借二百或二百五十瓦電台二十部，報務員四十人，保密局撥借二瓦特工電機一百部，第二廳撥借二瓦電機五十部，及同數報務員，建立通訊網，該項電機由人民救國聯軍總部，負責歸還材料及製造費，或併請政府補助撥還各該單位等值經費。

十三、本大綱之具體計劃及實施辦法，俟原則確定後分別擬訂之。

● 粵省反共救國軍業已編成九軍（民國 38 年 10 月 22 日）

（中央社海口廿一日電）

薛岳主席，以粵省已面臨全面戰鬥的環境，應即發動民眾，從事持久的反共鬥爭，特成立廣東省民眾反共自衛救國軍，已編成第一至第九軍。記者於某地獲見薛主席，據談：「本人在任何艱苦的環境下，決領導全粵軍民反共到底，此一部署同時係為順

應民眾的要求；因為粵民強悍，本不甘受恣欲殘暴者的統治。」
薛氏繼稱：「我們不能埋怨友好之美國的旁觀態度，一切端在吾
人自己苦幹，惟自助才有天助，但反共國家也不宜忽視含有國際
侵略性的中國問題。」

● 桂粵成立反共救國軍（民國38年11月24日）

（中央社南寧二十四日電）

　　桂省成立反共救國軍，刻正分七區積極進行，桂南、桂北、
桂中、桂東等四區，每區先徵集人槍各二萬；桂西、桂粵、桂黔
等三區，每區先徵集人槍各一萬。經費方面，由綏署先撥副食費
及津貼，計兩萬人者發三萬元，一萬人者發一萬五千元。綏署並
通令責成各軍政區司令官迅速編組成軍，應付時局需要。

● 雲南省主席李彌請將省政府印信交由參議馮國徵承領轉送（民國39年2月5日）

（報告）民國三十九年二月五日於臺北西寧南路亞洲旅社
雲南省政府印信懇請頒發，交由本府參議馮國徵承領轉送，俾利
工作，以昭慎重。
謹呈院長閣

　　　　　　　　　　　　　　　　　　雲南省主席李彌呈

● 雲南省主席兼綏署主任李彌呈參謀總長周至柔請頒發雲南綏署印信及編制（民國 39 年 5 月 29 日）

呈總長周（祕人字第○二六號）

事由：為請頒發雲南綏署印信及編制由

一、查雲南綏署印信及編制等，前因盧逆叛國全部損失，值茲竭力整補滇南部隊，建立西南反共基地之際，其綏署印信及編制現急需要，以便恢復機構，號召軍事力量。

二、謹乞鑒核批准頒發是項印信及編制，俾資積極籌施為禱。

　　　　　　　　　　　　雲南省主席兼綏署主任李彌

● 國防部電知雲南綏署准保留名義不設機構（民國 39 年 5 月 29 日）

（代電）

事由：為該署准保留名義不設機構由

受文者：雲南綏署李兼主任

一、祕人字第○二六號呈悉。

二、該署准仍保留名義不設機構，除印信另案頒發外，編制不再補發。

三、特復知照。

四、本件已抄副本送總長辦公室，第一、二、三、四、五廳，預算局、政治部及陸軍、聯勤兩總部。

　　　　　　　　　　　　　　　　參謀總長周至柔

〔國民政府於民國 35 年 5 月 31 日裁軍政部及軍事委員會暨所屬各部會，改設國防部：第一廳接辦軍事委員會銓敘廳業務，負責人

事及行政。第二廳接辦軍事委員會軍令部第二廳之情報業務。第三廳接辦軍事委員會軍令部第一廳之計劃及作戰業務。第四廳負責補給業務，35 年 8 月暫由後勤部兼辦。第五廳接辦負責編制及訓練。參見張朋園、沈懷玉合編：《國民政府職官年表》（1925-1949），第一冊（臺北：中央研究院近代史研究所，1987），頁161。〕

● 國防部第三廳電請大陸工作處派員接收雲南綏署（民國 40 年 1 月 13 日）

（代電）（40 戡成字第○○九號）

駐地：介壽館

受文者：大陸工作處

一、查雲南綏署撤銷另成立雲南省游擊軍總指揮部，業經明令發表在案。

二、茲檢附前雲南綏署及兩廣游擊部隊有關案卷清冊兩份，請查照並剋即派員接收為荷。

廳長徐汝誠

● 國防部電知雲南省游擊軍總指揮部修正番號統一原則（民國 40 年 2 月 2 日）

（代電）（40 救攻字第 504 號）

受文者：雲南省游擊軍總指揮部

一、元月廿日（40）救攻字第 036 號代電暨附頒游擊部隊番號組織統一調整辦法計達。

二、該辦法（甲）番號統一原則（四）「『路』『縱隊』『獨立縱隊』均於番號上冠以『游擊軍』名稱（如游擊軍獨立第六縱隊）」；著修正為「『路』『縱隊』『獨立縱隊』均於番號上冠以『反共救國軍』名稱（如反共救國軍獨立第六縱隊）」。

三、除分令外，希遵照。

參謀總長周至柔

● 國防部電知雲南綏署請成立西南行署並劃分五個軍政區各節均應免議（民國 40 年 2 月 21 日）

（代電）（40）綱經字第 0152 號

受文者：雲南綏署李前主任

事由：為請成立滇西南行署及劃分五個軍政區各節均應免議由

一、救攻字第 023 號代電計達。

二、雲南綏署已核定撤銷，並另成立雲南游擊部隊，第 0003、0004 號兩代電請成立滇西南行署及劃分五個軍政局等各節，均應免議。

三、本件已抄副本送一、二、三、四廳，預算局及大陸工作處及內政部。

參謀總長周至柔

● 劉士毅呈蔣中正有關周至柔呈閱該部大陸工作處所編訂「大陸游擊部隊概況表」摘要並附原件（民國 41 年 4 月 15 日）

周總長四月十二日簽呈為呈該部大陸工作處編訂「大陸游擊

部隊概況表」，謹就該表內容大要摘列如左，並附原表恭請鈞閱。

一、游擊部隊總兵力 139 萬 8,786 人，武器槍 57 萬 4,005 枝，大
　　砲 161 門。

二、與游擊部隊有電台確實聯絡者計 9 萬 3143 人，約佔總兵力
　　百分之七弱，內四川區有 4 萬 3500 人，江浙區 2 萬 3285 人，
　　雲南區 1 萬 7,193 人，福建區 5 千 665 人，安徽區 3 千人，
　　海南區 5 百人。

三、有信函連絡者，64 萬 5625 人，約占總兵力百分之四十六，
　　尚待連絡者 66 萬 18 人，約佔總兵力百分之四十七。

四、江浙游擊總部所屬海島游擊部隊，現有武器計輕重機槍 340
　　挺，各式槍枝 7,370 枝，火箭筒 28，擲彈筒 6，槍榴彈筒
　　50，火炮 118 門。

職劉士毅呈

四月十五日

◎　大陸游擊部隊概況表

表一　大陸游擊部隊兵力統計表

民國 41 年 4 月 1 日大陸工作處編訂

單位 ＼ 地區	江蘇游擊區	浙江	福建	廣東	廣西	雲南	湖南
總指揮部	1	1		6		1	
指揮部		1					
路	2		5	1	1		
縱隊	30	16	45	7	10	26	
支隊	9	5	27	1	5	1	
地區指揮部	1	2	1	3		2	
軍	2		11	3	1	8	
師	1		12		5		
旅			7				
團		1	7		4		
小計	46	26	121	15	27	37	
兵力	123,460	25,508	294,536	47,990	25,893	148,067	
佔總兵力百分比（%）	9	2	21	3	2	10	
武器　槍	50,836	14,229	143,603	32,480	6,644	85,494	
武器　砲	118	6	18		19		

單位 ＼ 地區	湖北	安徽	江西	山東	河南	陝西	四川
總指揮部							
指揮部							
路			2				1
縱隊	5	7	6	24	10	8	3
支隊	1			9		1	
地區指揮部	1						
軍		2	3	2	2	2	11
師							
旅							
團							5
小計	7	9	11	35	12	11	20
兵力	53,495	30,299	63,038	87,900	45,800	28,711	203,611
佔總兵力百分比（%）	4	3	5	6	3	2	14
武器　槍	14,430	17,392	23,311	35,893	11,720	6,140	24,359
武器　砲							

單位 ＼ 地區	貴州	西康	西北	華北	東北	總計
總指揮部						9
指揮部						1
路	1	1				14
縱隊	7	5		5	8	222
支隊	2			4		65
地區指揮部	1	1	1	1		14
軍		4	2	1	1	55
師						18
旅						7
團						17
小計	11	11	3	11	9	422
兵力	47,920	43,240	5,500	27,490	46,768	1,398,786
佔總兵力百分比（％）	4	3	4	2	3	100
武器 槍	20,320	26,200	19,000	13,775	28,180	574,005
武器 砲						161

附註：
一、按本部游擊部隊組織系統規定為總指揮部路縱隊支隊，表內所列多係各單
　　位原有番號，因聯絡困難，一時不易改編，刻正照本部游擊部隊番號組織
　　統一調整辦法逐次調整中。
二、表列人槍數字，係截止四十一年二月底數字統計而成。

表二 大陸游擊部隊聯絡情形概況表

地區	電台		信函	
	單位	兵力	單位	兵力
江蘇游擊區 浙江	17	23,285		
福建	13	5,665	3	3,620
廣東	1	500	85	216,996
廣西			11	26,490
雲南	27	17,193		8,700
湖南			10	50,200
湖北			2	31,200
安徽	1	3,000	6	21,049
江西			5	38,800
山東				
河南			3	17,000
陝西			2	8,000
四川	1	43,500	11	133,000
貴州			10	47,920
西康				
西北			1	23,000
華北			6	14,650
東北			1	5,000
總計	60	93,143	156	645,625
佔百分比	7%（弱）		46%（強）	

地區	待聯		合計	
	單位	兵力	單位	兵力
江蘇游擊區 浙江	29	100,175	46	123,460
福建	10	16,223	26	25,508
廣東	35	77,040	121	294,536
廣西	4	21,500	15	47,990
雲南			27	25,893
湖南	27	97,867	37	148,067
湖北	5	22,295	7	53,495
安徽	2	6,250	9	30,299
江西	6	24,238	11	63,038
山東	35	87,960	35	87,960
河南	9	28,800	12	45,800
陝西	9	20,711	11	28,711
四川	8	27,111	20	203,611
貴州	1		11	47,920
西康	11	43,240	11	43,240
西北	2	32,000	3	55,000
華北	5	12,840	11	27,490
東北	8	41,768	9	46,768
總計	206	660,018	422	1,398,786
佔百分比	47%（強）		100%	

江浙游擊區部隊概況表

番號	主官姓名	兵力	武器 槍	砲	活動地區	聯絡情形
江浙總部	胡宗南	958			駐大陳島	電台
	核准文號：40.3.17 救放字 0025 號代電					
第一○一路	呂渭祥	2,725			披山、漁山、大陳	電台
	備考：江浙內陸地區活動兵力未計在內 登記：該部所屬各縱正整編中					
獨一縱隊	王之輝	300			大陳	電台
	核准文號：39.4.28 樸植字 052 號代電 備考：富春江兩岸兵力未計在內					
獨七縱隊	徐驤	1,530			一江山	電台
	核准文號：39.8.1 樸植字 0381 號代電 備考：天台、寧海、三門地區兵力未計在內					
獨廿七縱隊	吳樹霖	917			竹嶼	電台
	核准文號：39.9.1 樸植字 0460 號代電 備考：鎮海附近兵力未計在內					
獨廿八縱隊	袁國祥	312			一江山	電台
	核准文號：39.9.5 樸植字 0068 號代電 備考：淞滬沿海地區活動兵力未計在內					
獨廿九縱隊	林篤弇	936			大陳	電台
	核准文號：39.9.2 樸植字 0482 號代電 備考：永嘉附近活動兵力未計在內					
獨卅五縱隊	程慕頤	1,009			田岙	電台
	核准文號：39.11.4 樸植字 0628 號代電 備考：紹興附近兵力未計在內					
獨卅六縱隊	王相義	617			大陳	電台
	核准文號：39.11.4 樸植字 0629 號代電 備考：三門、黃岩、溫嶺地區活動兵力未計在內					
獨四二縱隊	傅佑多	312			大陳	電台
獨四三縱隊	李忠心	240			浦口、嵊縣、上虞地區	電台
	核准文號：40.9.5 救放字 1034 號代電 備考：該部暫歸本部直轄					
海一總隊	張為邦	328			大陳	電台
	核准文號：39.9.4 總統府資料組核准 備考：長江口南北地區活動兵力未計在內					
浙三縱隊	朱炳奎	270			大陳	電台
	備考：天目山區活動兵力未計在內					
浙五縱隊	熊國和	357			大陳	電台
	備考：會稽山區活動兵力未計在內					
三門支隊	陶志山	200			蔣兒岙	電台
江南突擊軍	金家讓	10,914	5,450		太湖地區	電台

番號	主官姓名	兵力	武器		活動地區	聯絡情形
			槍	砲		
閩浙贛邊區突擊軍浙南地區指揮部	夏存中	300			披山、大陳	電台
	核准文號：39.11 保密局派遣					
	備考：溫屬各縣活動兵力未計在內					
中華人民反共救國軍第四路	邵大鵬	32,000			蘇魯豫皖邊區	待聯
	登記：副司令吳械在港					
獨三十四縱隊	陳昂林	5,000	3,000		杭嘉湖地區	待聯
	核准文號：39.11.4 樸植字 0627 號代電					
獨五十一縱隊	顧忠幹	5,000	5,000		吳江、宜興、武進地區	待聯
	核准文號：40.1.25 救放字 305 號代電					
獨五十四縱隊	熊育衡	3,000	6,230		六合、江都、嘉山、天長地區	待聯
	核准文號：40.1.25 救放字 305 號代電					
江蘇突擊軍	張進之	4,400	1,200		茅山地區	待聯
	核准文號：39.6 保密局派遣					
蘇嘉滬突擊縱隊	孫璞生	600	507		吳縣、嘉善、松江地區	待聯
	核准文號：39.7 保密局派遣					
京滬突擊隊	王溯文	1,000	600		京滬線兩側地區	待聯
	核准文號：39.7 保密局派遣					
蘇嘉突擊縱隊	顧鴻熙	2,130	1,700		吳江、嘉興地區	待聯
	核准文號：39.9 保密局派遣					
運淮突擊縱隊	馮文成	1,200	1,200		海州、徐州地區	待聯
	核准文號：39.7 保密局派遣					
江蘇二縱隊	郭震					待聯
	核准文號：國防部卅九年發表					
江蘇五縱隊	陳勉南	3,500	2,100		兩泰、高郵地區	待聯
	核准文號：39.5.17 發江蘇綏總呈報					
江蘇七縱隊	倪世福	3,500	1,850		洪澤湖地區	待聯
	核准文號：39.5.17 發江蘇綏總呈報					
兩江縱隊	王銳含	2,900	2,310		松滬、崑山地區	待聯
	核准文號：39.8.2 發蘇綏總呈報					
浦江縱隊	馮紹良	400	300		浦東、南匯地區	待聯
	核准文號：39.8.2 發江蘇綏總呈報					
京滬縱隊	蔣鼎生	700	580		京滬地區	待聯
	核准文號：39.8.2 發江蘇綏總呈報					
蘇北縱隊	陳宗舜	1,120	500		蘇皖邊區	待聯
	核准文號：39.8.2 發江蘇綏總呈報					
蘇南突擊軍獨一支隊	孫彪	500	350		江陰、常熟地區	待聯
	核准文號：39.9. 保密局派遣					
江蘇獨一支隊	陳之群	300	210		武進地區	待聯
	核准文號：39.8.30 發江蘇綏總呈報					

番號	主官姓名	兵力	武器		活動地區	聯絡情形
			槍	砲		
長江支隊	楊傳仁	200	120		南通、常熟地區	待聯
	核准文號：39.8.30 發江蘇綏總呈報					
金山支隊	高鶴齡	100	95		金山地區	待聯
	核准文號：39.8.30 發江蘇綏總呈報					
錫武支隊	高延福	260	180		丹陽地區	待聯
	核准文號：39.8.30 發江蘇綏總呈報					
蘇魯支隊	張國鈞	4,500	3,000		京滬、津浦兩路沿線	待聯
	核准文號：39.8.30 發江蘇綏總呈報					
閩浙贛邊區突擊軍浙西縱隊	丁一平	2,000	1.100		杭嘉湖地區	待聯
	核准文號：39.11 保密局派遣					
閩浙邊區突擊縱隊	朱從龍	4,200	2,130		泰順、文成地區	待聯
	核准文號：39.8 保密局派遣					
浙西突擊縱隊	黃時常	9,800	4,700		孝豐、臨安地區	待聯
	核准文號：39.1 保密局派遣					
浙江突擊三縱隊	胡建吾	2,300	1,200		永康、縉雲、磐安、仙居	待聯
	核准文號：39.7 保密局派遣					
浙東突擊獨立縱隊	吳亞清	1,415	710		奉化、寧海、象山地區	待聯
	核准文號：39.3 保密局派遣					
四明山突擊支隊	唐耀珊	150	120		四明山區	待聯
	核准文號：39.7 保密局派遣					
陸軍二〇三師	金式	8,000	1,600		金華、蘭谿、宣平、義烏、東隅地區	待聯
	核准文號：39.4.4 樸植字 075 號代電					

	單位數	兵力	武器	
			槍	砲
電台聯絡	17	23,285	13,244	118
待聯	29	100,175	37,592	
合計	46	123,460	50,836	118

江浙總部海島游擊部隊現有武器計輕重機槍 340 挺、各式槍枝七三七〇支、火箭筒 28、擲彈筒 6、槍榴彈筒 50、火砲 118 門均列入。

福建游擊區部隊概況表

番號	主官姓名	兵力	武器 槍	武器 砲	活動地區	連絡情形
福建省反共救國軍總指揮部	胡璉				金門	電台
	核准文號：40 救攻字 051 號代電 登記：該總部由第 5A、19A 及直屬警衛營抽調 970 人編為直屬海上突擊大隊，未列表內					
閩北地區司令部	王調勳	477	273		白犬	電台
	核准文號：（40）救攻字第 346 號代電 備考：表列編組係據該部所呈兵力駐地表編列，其番號並未奉准發表					
直屬第一支隊	王次山	189	204		白犬	電台
直屬第二支隊	林功庸	189	194		白犬	電台
一一六縱隊	黃玉樹	582	520		烏坵	電台
一一七縱隊	翁廷本	463	405		東犬	電台
一一八縱隊	王仁貴	715	625		東湧	電台
一一九縱隊	魏耿	589	596		西洋	電台
一二〇縱隊	翁秉乾	600	649		白犬	電台
巡艇總隊	林滄囤	250	235		白犬	電台
閩南地區司令部	黃炳炎	840			金門	電台
	核准文號：40 救攻字第 346 號代電 備考：該部原在金門集訓，人數為 1,517 人，除泉州、永安、漳州三縱隊及歷次戰役傷亡 26 人，勝 840 人 備考：表列編組據呈報編列，並未奉發表					
泉州縱隊	陳令德	261	284	4	泉州、南安、仙遊、晉江、德化地區	待聯
	登記：據報該員於 40.9.4 挺進大陸時被匪害					
永安縱隊	陳偉彬	132	134	2	安西、大田、漳平地區	待聯
漳州縱隊	吳如川	261				電台
	登記：該縱隊現在金門集訓					
福建反共救國軍總指揮部馬祖指揮所	姚衍	510			馬祖、高登各島	電台
中華人民反共救國軍獨立第十八縱隊	林朝冠	1,000			永安、上杭、長汀等地區	信函
	核准文號：39.7.1 樸植字 245 號代電					
閩浙邊區人民反共突擊軍獨立縱隊	林培崧	1,200	750		福鼎、壽寧、泰順地區	待聯
	核准文號：保密局 39.12 派遣					
閩東邊區直屬第一縱隊	張子明	730	730		古田、水口、永泰、林森等	待聯
	核准文號：金門防總 40.1.30 孝勞二字 105 號代電呈報					

番號	主官姓名	兵力	武器		活動地區	連絡情形
			槍	砲		
中華人民反共救國軍獨立第三十二縱隊	盧勝雄	2,000			龍溪、沙縣、大田地區	待聯
	核准文號：39.9.29 模植字 538 號代電發表					
閩浙贛邊區人民反共突擊軍福建獨立縱隊	林青龍	5,000	2,520		蒲田、仙遊一帶	待聯
	核准文號：保密局 39.11 派遣					
中國反共革命軍閩西第一縱隊	鍾勇	3,000	1,300		武平、上杭、永定等區	待聯
	核准文號：資料組（39）酉迴電核准					
中國反革命軍閩西第二縱隊	江雄生	2,000	1,500		清流、長汀、連城一帶	信函
	核准文號：資料組（39）酉迴電核准					
中國反革命軍閩西第三縱隊	湯期璟	1,900	1,100		永安、長樂、大田一帶	待聯
	核准文號：資料組（39）酉迴電核准					
閩南人民反共突擊軍獨立第一支隊	林謙	620	410		安溪、南安、同安一帶	信函
	核准文號：保密局 39.9 派遣					
閩浙邊區支隊	王學斌				浙江平陽、瑞安地區	待聯
	核准文號：金門防總 39.3.18 孝勞字 306 號代電呈報					
中華人民反共救國軍獨立第二支隊	蔣德平	2,000	1,800		閩西武平地區	待聯
	核准文號：39.5.13 模植字 95 代電					

	單位數	兵力	武器	
			槍	砲
電台聯絡	13	5,665	3,701	
信函聯絡	3	3,620	1,910	
待聯	10	16,223	8,618	6
合計	26	25,508	14,229	6

廣東游擊部隊概況表

番號		主官姓名	兵力	武器		活動地區	聯絡方法
				槍	砲		
廣東綏靖總司令部		薛岳					函聯
		核准文號：40.2.27 救攻字一〇一號代電准保留名義 備考：該單位未列入統計					
粵中反共救國軍總指揮部		核准文號：40 救攻字 079 號代電發表 備考：一、該總部原轄 46 各單位，總兵力為76,637 人，62,677 槍，現正按照統一整編辦法整編如表列系統番號，惟各部兵力尚未據報 二、李福林已於二月十一日病故					函聯
第六路	司令部	翟榮基張克（副）				番禺等廣東三角洲十一縣	函聯
	第六二縱隊					番禺等廣東三角洲十一縣	
	第六七縱隊					番禺等廣東三角洲十一縣	
	第六八縱隊	何犖芳				廣九路二側及珠江三角洲地區	函聯
	第六九縱隊	張克（兼）				珠江三角洲及雨陽縣境	函聯
	第七十縱隊						待聯
	獨立八支隊	錢耀					待聯
第十四路	司令部	李卓元					
	第一〇六縱隊						
	第一〇七縱隊						
	第一〇八縱隊	馮岳				惠陽、新化、鶴山及恩台、赤陽地區	待聯
	第一〇九縱隊						
	第一一〇縱隊						
第十五路	司令部	李芳					
	第一二一縱隊						
	第一二二縱隊	歐陽磊					
	第一二三縱隊						
	第一二四縱隊						
	第一二五縱隊						

番號		主官姓名	兵力	武器		活動地區	聯絡方法
				槍	砲		
第十六路	司令部	程一鳴					
	第一二七縱隊						
	第一二八縱隊						
	第一二九縱隊						
	第一三〇縱隊						
	第一三一縱隊						
獨立第七七縱隊		袁帶					
函聯單位數		27	76,637	62,677			
合計		27	76,637	62,677			
粵東反共救國軍總指揮部		張炎元					函聯
		核准文號：40.2.14 救攻 072 代電					
東江第一縱隊		林俊生	3,396	3,188		惠陽、博羅	函聯
		核准文號：薛岳 40.1.1 戰字 1150 號代電呈報					
中華人民反共救國軍獨廿三縱隊		張偉漢	1,200	1,200		閩粵贛邊區韓江、饒平、潮安	函聯
		核准文號：39.8.22 樸植字 9423 代電					
第一軍第一師		韓家讓	3,000	2,000		龍川、博羅	待聯
		核准文號：薛岳 40.1.1 戰字 1150 號代電呈報					
第五軍第十五師		徐英奇	901	769		龍川、興寧、和平、五華、尋鄔	待聯
		核准文號：薛岳 40.1.1 戰字 1150 號代電呈報					
第六軍	軍部	陳丹青					函聯
		核准文號：薛岳 40.1.1 戰字 1150 號代電呈報					
	第十六師	鍾鐵肩	1,230	632		惠泉、五華、海陸豐	函聯
		核准文號：薛岳 40.1.1 戰字 1150 號代電呈報 備考：總統府資料組賦予中國反共革命軍韓江第四縱隊番號					
	第十七師	鍾志勤	400	300		梅縣	函聯
		核准文號：薛岳 40.1.1 戰字 1150 號代電呈報					
第十軍		梁杞					待聯
		核准文號：薛岳 40.1.1 戰字 1150 號代電呈報					

番號		主官姓名	兵力	武器槍	砲	活動地區	聯絡方法
第十二軍	軍部	劉建擎	4,386	1,576	9	番東、寶增、惠博	待聯
		核准文號：薛岳 40.1.1 戰字 1150 號代電呈報					
	第三四師	譚天珍	4,566	1,514		惠東、博羅	待聯
		核准文號：薛岳 40.1.1 戰字 1150 號代電呈報					
	第三五師	李榮基	4,271	1,554		石龍、黃埔	待聯
		核准文號：薛岳 40.1.1 戰字 1150 號代電呈報					
	第三六師	朱傳鑾	4,262	1,838		東莞、番禺	待聯
		核准文號：薛岳 40.1.1 戰字 1150 號代電呈報					
第十三軍		黃志鴻					待聯
		核准文號：薛岳 40.1.1 戰字 1150 號代電呈報					
粵東人民反共突擊軍		馬步青	4,000	2,200		惠來、潮陽	函聯
		核准文號：保密局 39.11 派遣					
閩粵邊區人民反共突擊軍		洪之政	2,800	2,800		潮汕一帶	函聯
		核准文號：保密局 39.8 派遣					
廣東人民反共突擊軍		張輔邦	8,60	4,720		海陸豐、番禺、花縣	函聯
		核准文號：保密局 39.6 派遣 備考：正簽請撤銷番號					
獨立第一師		李政志					待聯
		核准文號：薛岳 40.1.1 戰字 1150 號代電呈報					
普寧支隊		陳文坤					待聯
		核准文號：薛岳 40.1.1 戰字 1150 號代電呈報					
海豐支隊		羅蔭生	451	451			待聯
		核准文號：薛岳 40.1.1 戰字 1150 號代電呈報					
龍川支隊		黃達仁					待聯
		核准文號：薛岳 40.1.1 戰字 1150 號代電呈報					
紫金支隊		黃尚達					待聯
		核准文號：薛岳 40.1.1 戰字 1150 號代電呈報					
連平支隊		黃伯強					待聯
		核准文號：薛岳 40.1.1 戰字 1150 號代電呈報					
和平支隊		徐定安	491	347			待聯
		核准文號：薛岳 40.1.1 戰字 1150 號代電呈報					
南山支隊		李鴻名	154	112			待聯
		核准文號：薛岳 40.1.1 戰字 1150 號代電呈報					
粵南人民反共突擊軍獨立第一縱隊		林賢軫	5,200	5,200		潮汕、海陸豐	函聯
		核准文號：保密局 39.8 派遣					

番號	主官姓名	兵力	武器槍	砲	活動地區	聯絡方法
獨立第十五縱隊	列應佳	9163	2536	9	廣九路沿線羅浮山區九連山區	函聯
	核准文號：39.6.14 樸植字 201 號代電 備考：原隸粵西指揮系統					
獨立第一四一縱隊	陳青龍	500			羅浮山區、陸豐、五華邊境、南山	函聯
	核准文號：41.2.9 還遼字 240 號代電					
獨立第一四二縱隊	李樹業	1000			韓江上游、大埔、梅縣	函聯
	核准文號：41.1.4 還遼字 81 號代電					
韓江第一縱隊	蘇銳淞				惠東、潮陽、潮安、揭陽、饒平	函聯
	核准文號：薛岳 40.1.1 戰字 1150 號代電呈報					
獨立第一二六縱隊	韋殷波	1000			海平、紫金邊境、潮陽、南山	函聯
	核准文號：40.11.2 救放字 1395 號代電					
獨立第七支隊	王國權	2,050			潮安、揭陽、普寧、陸豐	函聯
	核准文號：40.8.1 救放字 0854 號代電					
函聯單位數	17	4,0539	22,976	9		
待聯單位數	15	22,472	10,541	9		
合計	32	63,011	33,517	18		
粵南反共救國軍總指揮部	張瑞貴					函聯
	核准文號：40.2.14 救攻字 077 號代電 備考：本人在台					
第十一軍	黃質文					函聯
	核准文號：薛岳 40.1.1 戰字 1150 號代電呈報					
第廿二師第六四團	何宗祺	400	300		防城境	待聯
	核准文號：薛岳 40.1.1 戰字 1150 號代電呈報					
第廿二師第六五團	丘秋星	200	200		欽縣境	待聯
	核准文號：薛岳 40.1.1 戰字 1150 號代電呈報					
第廿二師六六團	張輝明	3,800			靈山附近	待聯
	核准文號：薛岳 40.1.1 戰字 1150 號代電呈報					
第廿二師六七團	龐蔭平	2,800			靈山附近	待聯
	核准文號：薛岳 40.1.1 戰字 1150 號代電呈報					
粵桂邊區反共救國自衛軍總指揮官	葛肇煌	500			粵桂邊區	函聯

番號	主官姓名	兵力	武器		活動地區	聯絡方法
			槍	砲		
粵桂邊區人民反共突擊縱隊	陳文波	4,500	4,500		廣西恩樂及廣東防城	待聯
	核准文號：保密局 39.11 派遣					
南路縱隊	韋雨莊	6,000	4,000		欽縣西北及十萬大山	函聯
	核准文號：張瑞貴 40.3.10 報告					
南路總隊	黃炳熙	500	300		欽防邊境	函聯
	核准文號：張瑞貴 40.3.10 報告					
南路第三支隊	黎鎏	1,800	1,600		廉江境	待聯
	核准文號：薛岳 40.1.1 戰字 1150 號代電呈報					
南路第四支隊	黃國珍	1,000	700		欽北及欽靈邊境	函聯
	核准文號：張瑞貴 40.3.10 報告					
南路第九支隊	鄭文廣	200	200		高州境	待聯
	核准文號：薛岳 40.1.1 戰字 1150 號代電呈報					
南路第十支隊	秦嘉猷	8,000	3,018		高州境	待聯
	核准文號：薛岳 40.1.1 戰字 1150 號代電呈報					
南路第十一支隊	陳樹堯					待聯
	核准文號：薛岳 40.1.1 戰字 1150 號代電呈報					
南路第十二支隊	朱廣疇	1,000	730		欽縣東部及大觀港	函聯
	核准文號：張瑞貴 40.3.10 報告					
南路第十五支隊	楊得時	5,000	500		欽西馬山一帶	待聯
	核准文號：薛岳 40.1.1 戰字 1150 號代電呈報					
南路第十八支隊	王輝					待聯
	核准文號：薛岳 40.1.1 戰字 1150 號代電呈報					
南路支隊	陳梓禧	1,000	600		欽靈邊境	函聯
	核准文號：張瑞貴 40.3.10 報告					
獨立支隊	何輝煌	200	200		欽西一帶	待聯
	核准文號：薛岳 40.1.1 戰字 1150 號代電呈報					
南路欽縣第一支隊	陳明淵	400	210		欽縣南部	函聯
	核准文號：張瑞貴 40.3.10 報告					
南路欽縣第二支隊	陳毅宗	1,000	620		欽縣東北	函聯
	核准文號：張瑞貴 40.3.10 報告					
靈山縣政府	勞益彰	800	420		靈山、合浦、橫縣一帶	待聯
	核准文號：薛岳 40.1.1 戰字 1150 號代電呈報					
函聯單位數	10	11,140	7,160			
待聯單位數	13	28,133	5,438			
合計	23	39,273	12,598			

番號	主官姓名	兵力	武器		活動地區	聯絡方法
			槍	砲		
粵西反共救國軍總指揮部	葉肇	2,441			靈、浮、西、山、新、思、陽邊區	函聯
	核准文號：40.2.14 救攻字 077 號代電					
第十八路	李江	17,623	11,864		台山、開平、鶴山、陽江、電白、高要、四會、恩平、新豐地區	函聯
中華人民反共救國軍獨立第十七縱隊	王祿豐	13,000	7,721		粵北地區	函聯
	核准文號：39.6.19 樸植字 240 代電					
獨立第一師	黎庶望	510			羅定、新豐、鬱南邊區	與葉肇有聯絡
	核准文號：薛岳 40.1.1 戰字 1150 號代電呈報					
獨立第二師	李熊萬				西山、新豐、電白、陽春邊區	與葉肇有聯絡
	核准文號：薛岳 40.1.1 戰字 1150 號代電呈報					
獨立第三師	廖宣階	1,700			四會、三水一帶	與葉肇有聯絡
	核准文號：薛岳 40.1.1 戰字 1150 號代電呈報					
獨立第四師	陳國垣	7,300			新高要一帶	與葉肇有聯絡
	核准文號：薛岳 40.1.1 戰字 1150 號代電呈報					
獨立第一旅	劉漢青	3,340			雲浮南境、新興地區	與葉肇有聯絡
	核准文號：薛岳 40.1.1 戰字 1150 號代電呈報					
獨立第二旅	梁宏	3,330			南海、新會間	與葉肇有聯絡
	核准文號：薛岳 40.1.1 戰字 1150 號代電呈報					
獨立第三旅	蕭漢強	3,741			陽江、台山一帶	與葉肇有聯絡
	核准文號：薛岳 40.1.1 戰字 1150 號代電呈報					
獨立第四旅	林彥章	2,844			高明、鶴山、新會一帶	與葉肇有聯絡
	核准文號：薛岳 40.1.1 戰字 1150 號代電呈報					
獨立第五旅	崔星輝	3,420			新興、開平一帶	與葉肇有聯絡
	核准文號：薛岳 40.1.1 戰字 1150 號代電呈報					
獨立第六旅	李芬	3,790			羅定、信義	與葉肇有聯絡
	核准文號：薛岳 40.1.1 戰字 1150 號代電呈報					

番號	主官姓名	兵力	武器 槍	武器 砲	活動地區	聯絡方法
獨立第七旅	吳之清	4,542			鬱南、德慶、封川、開建地區	與葉肇有聯絡
	核准文號：薛岳 40.1.1 戰字 1150 號代電呈報					
廣東人民反共突擊第二軍	祁治	5,600	2,240		陽江、三水、思平、增城、中山博羅	待聯
	核准文號：保密局 39.12 派遣					
西江第一縱隊	廖虎	11,545	7,698		開建、鬱南、廣寧、岑溪、蒼梧、滕縣、封川	待聯
	核准文號：薛岳 40.1.1 戰字 1150 號代電呈報					
西江第二縱隊	羅獻祥	2,000	1,500		四會、三水邊境	待聯
	核准文號：薛岳 40.1.1 戰字 1150 號代電呈報					
西江第三縱隊	梁翰勛	1,859	1,627		恩南、台鶴一帶	待聯
	核准文號：薛岳 40.1.1 戰字 1150 號代電呈報					
突擊第一總隊	葉寧	570			清遠附近	與葉肇有聯絡
	核准文號：薛岳 40.1.1 戰字 1150 號代電呈報					
突擊第二總隊	譚東利	620			台山附近地區	與葉肇有聯絡
	核准文號：薛岳 40.1.1 戰字 1150 號代電呈報					
獨立第一團	黃蘭薌	2,500			陽春、新興邊境	與葉肇有聯絡
	核准文號：薛岳 40.1.1 戰字 1150 號代電呈報					
獨立第二團	陳乃輝	2,731			新興縣境	與葉肇有聯絡
	核准文號：薛岳 40.1.1 戰字 1150 號代電呈報					
獨立第三團	王其標	1,962			陽春西北	與葉肇有聯絡
	核准文號：薛岳 40.1.1 戰字 1150 號代電呈報					
廣寧支隊	陳興運	281	301		康寧縣境	待聯
	核准文號：薛岳 40.1.1 戰字 1150 號代電呈報					
函聯單位數	19	83,320	19,585			
待聯隊數	5	21,285	13,366			
合計	24	104,605	32,951			
粵北反共救國軍總指揮部	容有略					函聯
	核准文號：40.3.1 救攻 105 代電					

番號		主官姓名	兵力	武器		活動地區	聯絡方法
				槍	砲		
第十七路	司令部	吳國光				贛粵邊區	與容有略有聯絡
		核准文號：40.12.10 救放 1670 代電 登記：編組情形正催報中					
	第一三二縱隊	梁師偉				贛粵邊區	與容有略有聯絡
		核准文號：40.12.10 救放 1670 代電					
	第一三三縱隊	張時傑				贛粵邊區	與容有略有聯絡
		核准文號：40.12.10 救放 1670 代電					
獨立第一三四縱隊		林顯（兼）	272			曲江邊區、猺山一帶	與容有略有聯絡
		核准文號：40.12.10 救放 1670 代電					
獨立第一三五縱隊		梁瑞熊	216			粵桂湘邊區	與容有略有聯絡
		核准文號：40.12.10 救放 1670 代電					
獨立第一三六縱隊		黃麟至	313			連縣地區	與容有略有聯絡
		核准文號：40.12.10 救放 1670 代電					
獨立第一三七縱隊		楊策雄	42			俞英新縣境	與容有略有聯絡
		核准文號：40.12.10 救放 1670 代電					
獨立第一三八縱隊		鍾子文	443			英德縣境	與容有略有聯絡
		核准文號：40.12.10 救放 1670 代電					
獨立第一三九縱隊		崔明					與容有略有聯絡
		核准文號：40.12.10 救放 1670 代電 登記：編組情形正催報中					
獨立第一四〇縱隊		馮德泰	4,074			高要、廣寧、開建、雲■	與容有略有聯絡
		核准文號：40.12.10 救放 1670 代電					
合計單位數			11	5,360			
海南人民反共救國軍總指揮部		吉張簡 詹忠言 蔡勁軍（副）					函聯
		核准文號：40.5.16 救放 459 代電					
瓊崖人民反共突擊軍		楊開東	500	230		臨高、文昌、澄邁及五指山	電聯
		核准文號：保密局 39.9 派遣					

番號	主官姓名	兵力	武器		活動地區	聯絡方法
			槍	砲		
瓊崖人民反共突擊縱隊	徐進昇	3,150	1,630		儋縣、白沙等地區	電聯
	核准文號：保密局 39.8 派遣					
中華人民反共救國軍第五支隊	張鈞	2,000			儋縣、臨高、白沙	電聯
	核准文號：39.6.7 樸植字 0562 代電					
電聯單位數	1		500	230		
函聯單位數	1					
待聯單位數	2		5,150	1,630		
合計	4		5,650	1,860		

全省合計	單位數	兵力	武器	
			槍	砲
電聯單位數	1	500	230	
函聯單位數	85	216,996	112,398	9
待聯單位數	35	77,040	30,975	9
合計	121	294,536	143,603	18

廣西游擊部隊概況表

番號	主管姓名	兵力	武器		活動地區	聯絡情形
			槍	砲		
反共救國軍第九路	黃瑞華				桂北三江、龍勝、靈川、義寧、永福等 15 縣	信函
	核准文號：40.2.21 救收字 127 號代電發表 備考：該員現在香港					
桂東軍政區司令部	甘麗初	8,000	4,000		桂東地區	信函
	核准文號：前白長官（39）子世枝代電發表					
桂南軍政區司令部	盧士沐	8,000	6,000		桂南地區	待聯
	核准文號：前白長官（39）子世枝代電 備考：在香港					
桂西軍政區司令部	黃翰庭	7,000	3,000		桂西地區	待聯
	核准文號：前白長官（39）子世枝代電					
桂東人民反共突擊軍	周天雄	4,800	4,800		桂東恭城、鍾山、平樂等	信函
	核准文號：保密局 39.12 派遣 備考：在香港					
廣西人民反共突擊軍	黃建猷	4,800	4,800		全縣、柳城、羅城等	信函
	核准文號：保密局 39.11 派遣 備考：在香港					
湘桂粵邊區人民反共突擊軍	周恭	3,200	3,000		海陸豐、番禺等縣	信函
	核准文號：保密局 39.3 派遣					
廣西人民反共突擊第二縱隊	黃品琼				大同、鵬化、猺山、大桂一帶	信函
	核准文號：保密局 39.12 派遣 備考：據報該員已被匪害					
桂東人民反共突擊縱隊	劉茜	3,150	3,150		蒼梧、平南、嶺溪等地	信函
	核准文號：保密局 38.9 派遣					
桂北縱隊	莫敵	4,500	3,400		桂北地區	待聯
	核准文號：前白長官（39）子世枝代電 備考：在香港					
反共救國軍獨立第三縱隊	劉榮森	900	700		思樂、上思、明江	信函
	核准文號：本部 41.2.10 派遣					
反共救國軍獨立第四縱隊	羅福珧	700	500		崇善、南扶	
	核准文號：本部 41.2.10 派遣					
反共救國軍獨立第五縱隊	王鐵	800	600		永淳、靈山、橫縣	
	核准文號：本部 41.2.10 派遣					
反共救國軍獨立第八支隊	馮志林	40	30		思樂、上思	
	核准文號：本部 41.2.10 派遣					
反共救國軍獨立第三十縱隊	雷嘯空	2,000	1,500		十萬大山	待聯
	核准文號：39.2.11 樸植字 0497 號代電派遣					

	單位數	兵力	武器	
			槍	砲
信函聯絡	11	26,490	18,580	
待聯	4	21,500	13,900	
合計	15	47,990	32,480	

雲南游擊部隊概況表

番號		主官姓名	兵力	武器		活動地區	聯絡情形
				槍	砲		
雲南省反共救國軍總指揮部		李彌	255	171		猛撒	電台
		核准文號：40.1.11 救攻字 023 號代電					
特務團		胡景瑗	705	820	1	猛撒	傳令
		核准文號：李彌呈報					
通信營		賴建昌	171			猛撒	傳令
		核准文號：李彌呈報					
		備考：武器未據報					
第廿六軍	軍部	呂國銓	804	96		猛研	電台
		核准文號：本部有案					
	第九三師	程彭	1,220	528	6	猛卡	電台
		核准文號：本部有案					
	第一六一師	王敬箴	354	88		猛湯	傳令
		核准文號：李彌自行成立					
	第一九三師	李國輝	1,426	800	8	總部附近	電台
		核准文號：本部有案					
第二縱隊		刀寶圖	816	710		蓮小盈江以北地區	傳令
		核准文號：李彌呈報					
第三縱隊		罕裕卿	596	316		猛可克	傳令
		核准文號：李彌呈報					
第四縱隊		李祖科	404	232		騰衝以北固東街附近	傳令
		核准文號：李彌呈報					
第六縱隊		宋朝陽	1,078	286		猛平、猛瓦、猛勇一帶	傳令
		核准文號：李彌呈報					
第五路	路司令部	朱家才	64				傳令
		核准文號：李彌呈報					
	第八縱隊	李文煥	1,105	446		大蠻海	傳令
		核准文號：李彌呈報					
	第九縱隊	馬俊國	823	165		向乃	傳令
		核准文號：李彌呈報					
	第十縱隊	李達人	795	144		坎翔	傳令
		核准文號：李彌呈報					
第十一縱隊		廖蔚文	837	364		西盟	電台
		核准文號：李彌呈報					
第十二縱隊		馬守一	452	146		猛漢	電台
		核准文號：李彌呈報					
第十三縱隊		王少才	328	210	1	滿相	電台
		核准文號：李彌呈報					

番號	主官姓名	兵力	武器		活動地區	聯絡情形
			槍	砲		
獨立第十五支隊	方御彪	210			里猛彪	傳令
	核准文號：李彌呈報 備考：武器未據報					
獨立第十八支隊	李泰興	313	130		南華	傳令
	核准文號：李彌呈報					
獨立第十九支隊	田世勛	184			果敢	傳令
	核准文號：李彌呈報 備考：武器未據報					
獨立第二十支隊	多永明	226			蓮山以西	傳令
	核准文號：李彌呈報 備考：武器未據報					
獨立第二十一支隊	史慶勛	312	164		龍川以北地區	傳令
	核准文號：李彌呈報					
保安第一師	甫景雲	584	468	2	猛湯	電台
	核准文號：李彌呈報					
保安第二師	王有為	1,792	131		南坎近區	傳令
	核准文號：李彌呈報					
保安第一團	龔統政	457			蓮山以西	傳令
	核准文號：李彌呈報 備考：武器未據報					
保安第三團	彭懷南	456	229		猛平	傳令
	核准文號：李彌呈報					

	單位數	兵力	武器	
			槍	砲
電台聯絡	27	17,193	6,644	19
信函聯絡		8,700		
合計	27	25,893	6,644	19

備考：
傳令聯絡均係直接可控制部隊，均列入「電台聯絡」內。
「信函聯絡」係正待編組之游擊部隊。

湖南游擊區部隊概況表

番號	主官姓名	兵力	武器 槍	武器 砲	活動地區	聯絡情形
中華人民反共救國軍獨立第十一縱隊	周宏道	3,000			彬縣、桂東安仁、桂陽、宜章	信函
	核准文號：39.3.5 救放 27 號代電					
中華人民反共救國軍獨立第六縱隊	毛定松	6,000	2,800		麻陽、鳳凰、銅仁、松桃	信函
中華人民反共救國軍獨立第十六縱隊	劉方屏	3,500			祁陽、零陵、永仁、臨武	信函
	核准文號：39.6.27（39）樸植 0253 號代電 備考：在港					
中華人民反共救國軍獨立第二十縱隊	成學敏	1,000	784		長沙、湘潭、寧鄉、益陽	信函
	核准文號：39.8.7（39）樸植 0348 號代電 備考：在港					
中華人民反共救國軍獨立第廿六縱隊	彭彤彬	7,500	4,000		華容、監利	信函
	核准文號：39.8.30（39）樸植 0455 號代電 備考：在港					
中華人民反共救國軍獨立第三十七縱隊	張雲卿	2,400	2,000		城步、通道、綏寧、永綏	信函
	核准文號：39.11.18（39）樸植 0672 號代電					
反共救國軍獨立第七六縱隊	徐漳	2,000	1,400		衡陽、萊陽、安仁、資興、茶陵	信函
	核准文號：（40）救攻 068 代電 40.2.10					
湘贛邊區人民反共突擊軍	王力忠	8,800	8,800		衡陽、長沙、湘江兩岸	信函
	核准文號：保密局 39.6.1					
湘贛鄂邊區人民反共突擊軍	何定華	13,200	13,200		幕阜山、大洪山、洞庭湖沿岸	信函
	核准文號：保密局 39.5.1					
湘黔邊區人民反共突擊軍	朱學輝	6,880	3,600		天桔、黔陽、綏寧、武岡	待聯
	核准文號：保密局 39.7.1					
湘中人民反共突擊軍	李佑民	12,000	5,700		新化、安仁、武岡、邵陽	待聯
	核准文號：保密局 39.1.1					
湘鄂邊區人民反共突擊軍	羅文傑	9,952	3,730		古文、永順、大庸	待聯
	核准文號：保密局 39.12.1					
湘黔川邊區人民反共突擊軍	張玉琳	10,400	4,150		辰谿、黔陽、會同	待聯
	核准文號：保密局 39.3.1					
湘鄂贛邊區人民反共突擊第一軍	黃藩初	2,800	2,800		岳陽、尚北、鄂南	信函
	核准文號：保密局 39.5.1					

番號	主官姓名	兵力	武器		活動地區	聯絡情形
			槍	砲		
湘鄂贛反共救國第三軍	王仡	8,000	3,600		湘北、湘東	待聯
	核准文號：前華中長官公署卅九子世枝代電 登記：三月五日該部高參李鯤於香港來函稱王仡已被匪殺害					
湖南第一路綏靖總指揮	顏仁毅	4,000				待聯
	核准文號：卅八申知伊游電核發 登記：部隊損失十分之九，餘部由唐團長知覺率領					
湖南第二路綏靖總指揮部	尹立言	8,000			淑浦、辰谿、新化、邵陽	待聯
	核准文號：卅八申知伊游電核備					
湘中區反共救國自衛軍第一縱隊	趙偪	3,500			衡陽、邵陽、湘潭	待聯
	核准文號：39.1.16 行政院派					
五嶺山山區人民反共突擊縱隊	姚應	2,135	2,135		宜章、臨武	待聯
	核准文號：保密局 39.7.1					
湘西人民反共突擊縱隊	田秉文	8,000	8,000		大庸境山區	待聯
	核准文號：保密局 39.6.1					
四峯山縱隊	殷麗坤	2,350	900		安仁、攸縣	待聯
	核准文號：前華中長官公署卅八申魚電呈備					
第二縱隊	唐孟壩	6,000	4,000		衡陽、衡山、攸縣	待聯
	核准文號：前湖南綏總卅八未寒電備					
第五縱隊	劉鎮越	1,000	1,000		新化、邵陽、安化	待聯
	核准文號：前湖南綏總卅八戌英電備					
第八縱隊	陳步蕃	1,000			通道、城步	待聯
	核准文號：前湖南綏總卅八戌英電備					
第九縱隊	陶富訓	1,000			新寧、城步	待聯
	核准文號：前湖南綏總卅八戌英電備					
湘東縱隊	王農	1,000			瀏陽、澧陵	待聯
	核准文號：前湖南綏總卅八戌英電備					
清剿縱隊	邵明海	2,000			芷江一帶	待聯
	核准文號：前湖南綏總卅八戌電呈備					
湘鄂贛邊區第一路第一縱隊	黃雲峰	4,000	1,700			待聯
	核准文號：38.11.24 伊禮字 0172 代電呈備					
湘鄂贛邊區第一路第六縱隊	黃挺生	4,000	1,700			
湘鄂贛邊區第一路第二縱隊	岳紹先	4,000	1,700			待聯
	核准文號：38.11.24 伊禮字 0172 代電呈備					
湘鄂贛邊區第一路第三縱隊	陳紹番	4,000	1,700			待聯
	核准文號：38.11.24 伊禮字 0172 代電呈備					
湘鄂贛邊區第一路第四縱隊	何志生	4,000	1,700			待聯
	核准文號：38.11.24 伊禮字 0172 代電呈備					

番號	主官姓名	兵力	武器		活動地區	聯絡情形
			槍	砲		
湘鄂贛邊區第一路第七縱隊	周鵬泰	4,000	1,700			待聯
	核准文號：38.11.24 伊禮字 0172 代電呈備					
湘鄂贛邊區第一路第八縱隊	牟龍光	4,000	1,700			待聯
	核准文號：38.11.24 伊禮字 0172 代電呈備					
湘粵邊區第三縱隊	郭垂誠	150	95		桂東、資興	待聯
	核准文號：薛岳 40.1.1 戰字 137 代電					
中華反共革命軍湘西第一縱隊	鄒煜南	2,000	900		雪峯山、新化、武陵	待聯
	核准文號：總統府資料組 39.11.18					
中華人民反共救國軍獨立第三支隊	陳繼光	3,000			新化、邵陽、隆回	待聯
	核准文號：（39）樸植 0210 號代電 39.6.20 備考：在港					

	單位數	兵力	武器	
			槍	砲
信函聯絡	10	50,200	35,784	
待聯	27	97,867	49,710	
合計	37	148,067	85,494	

湖北游擊區部隊概況表

番號	主官姓名	兵力	武器		活動地區	聯絡情形	核准文號
			槍	砲			
中華人民反共救國軍獨立第卅九縱隊	華士煌	4,000			鄖西、均房、保安、達安	待聯	
	核准文號：（39）樸植 0696 號代電 備考：在港						
中華人民反共救國軍獨立第四十縱隊	劉莊如	10,000			恩施、建始、巴東、五峯、來鳳	待聯	
	核准文號：（39）樸植 0698 號代電						
鄂豫皖邊區人民反共自衛救國軍總指揮	張啟黃	30,000	13,000		豫鄂皖邊區	信聯	
	核准文號：前華中長官公署子世核代電						
武漢人民反共突擊縱隊	喻天鑒	1,200	700		武漢地區	信聯	
	核准文號：保密局 39.1.3						
鄂西九宮山區人民反共突擊縱隊	晏仲篪	3,595	1,730		鄂西九宮山	待聯	
	核准文號：保密局 38.7.1						
鄂西第一縱隊	田西原	4,000			鄂西邊區	待聯	
	核准文號：前華中長官公署卅九子世核代電						
中華人民反共救國軍獨立第四支隊	徐國佐	700			安陸、應山、隨棗	待聯	
	核准文號：（39）樸植 0363 號代電 39.8.7						

	單位數	兵力	武器	
			槍	砲
信函聯絡	2	31,200	12,700	
待聯	5	22,295	1,730	
合計	7	53,495	14,430	

安徽游擊區部隊概況表

番號	主官姓名	兵力	武器		活動地區	聯絡情形
			槍	砲		
中華人民反共救國軍獨二縱隊	王學吾	5,549	2,957		津浦鐵路沿線	函聯
	核准文號：（39）樸植 0087 號代電					
反共救國軍獨五十三縱隊	朱詠廣	3,000	2,330		黃山、廣德、宣城、寧國	函聯
	核准文號：40.2.25 救放 035 代電 備考：在港					
反共救國軍獨五十五縱隊	王占霖	3,000	1,024		合肥、巢湖	函聯
	核准文號：40.2.25 救放 035 代電					
反共救國軍獨五十六縱隊	陳福興	5,000	3,600		亳州、永城	函聯
	核准文號：40.2.25 救放 035 代電					
皖西人民反共突擊軍	楊東木	3,100	1,600		鳳陽、定遠、懷遠、合肥	函聯
	核准文號：保密局 39.9.1					
皖北人民反共突擊軍	龔玉書	3,150	1,600		全椒、定遠、含山	函聯
	核准文號：保密局 39.7.1 備考：40.7.8 尚在台					
中國反共革命軍皖北第一縱隊	錢念慈	3,500	2,000		巢縣銀屏山區	函聯
	核准文號：保密局 39.7.1					
皖蘇邊區人民反共突擊縱隊	陳永昌	3,000	1,550		滁縣、鳳陽、泗縣、六合	電台
	核准文號：保密局 39.4.1					
淮上人民反共突擊縱隊	花進智	1,000	730		洪澤湖及皖東各縣	函聯
	核准文號：保密局 39.11.1					

	單位數	兵力	武器	
			槍	砲
電台聯絡	1	3,000	1,550	
信函聯絡	6	21,049	12,641	
待聯	2	6,250	3,200	
合計	9	30,299	17,391	

江西游擊區部隊概況表

番號	主官姓名	兵力	武器		活動地區	聯絡情形
			槍	砲		
中華人民反共救國局第五路	張競英	5,300	4,400		贛閩邊區	待聯
	核准文號：（39）樸植34號代電					
反共救國軍第七路	祝維平	32,000	5,000		常山、上饒、廣豐、德興	函聯
	核准文號：救攻59號代電40.2.5 備考：該部聯絡員祝文席在港未返防					
中華人民反共救國軍獨立第十九縱隊	郭振雄	4,000	3,800		贛州、上饒、遂川	函聯
	核准文號：（39）樸植字0395號代電 備考：在港					
中華人民反共救國軍獨立第四十一縱隊	范振亞				宜黃、黎川、南豐、廣昌	函聯
	核准文號：39.12.4樸植字0718號代電 備考：在港					
中華人民反共救國軍獨立第卅一縱隊	何全標	3,600			贛粵邊區	待聯
	核准文號：（39）樸植字0519號代電					
江西人民反共突擊軍	楊遇春	3,927	3,050		贛南各縣	待聯
	核准文號：39.6.1 備考：在台					
反共救國軍獨立第五十七縱隊	劉應貴	2,000	1,211		都昌及湖口地區	函聯
	核准文號：40.2.25救放035號代電					
豫章山區人民反共救國軍第一軍	盛達堯	4,000	1,600		贛十五縣	待聯
	核准文號：39.1.1子世五代電					
豫章山區人民反共突擊軍	廖其祥	2,000	2,000		黎川、光澤、邵武、資谿	待聯
	核准文號：39.11.1					
贛南人民反共突擊縱隊	賴少棠	5,350	2,600		贛南地區	待聯
	核准文號：39.1.1					
九江區人民反共突擊縱隊	邵振陵	800	650		九江地區雞公嶺、湖口一帶	函聯
	核准文號：39.1.2					

	單位數	兵力	武器	
			槍	砲
信函聯絡	5	38,800	10,661	
待聯	6	24,238	12,650	
合計	11	63,038	23,311	

山東游擊區部隊概況表

番號	主官姓名	兵力	武器 槍	武器 砲	活動地區	聯絡情形
山東人民反共救國突擊軍	張子春	18,000	7,500		魯西各縣	待聯
	核准文號：39.5.1 保密局 備考：本人在台					
魯冀邊區人民反共自衛救國軍路	董海鵬	3,600	1,200		臨濤、堂邑、冠縣等縣	待聯
	核准文號：前山東綏總呈報 39.8.18					
山東省第一縱隊	欒志超	2,400	300		棲霞、海陽、平東、萊陽	待聯
山東省第五縱隊	孟仁軒	2,800	750		利津、霑化、陽信	待聯
山東省第六縱隊	張斌志	1,800	575			待聯
山東省第七縱隊	劉樹功	2,000	1,050			待聯
山東省第十一縱隊	李友松	3,400	1,440		壽張、范縣、濮縣	待聯
	備考：本人在台					
山東省第十三縱隊	張東嶽	2,500	530		荷澤、定陶、曹縣	待聯
山東省第十四縱隊	李成業	3,700	600		金鄉、魚台、單縣	待聯
山東省第十五縱隊	陳德三	2,000	700			待聯
山東省第卅一縱隊	王之慶	2,400	450		沂水、蒙陰	待聯
山東省獨立第一縱隊	劉紹琴	2,900	900		獨立湖、微山湖	待聯
山東省獨立第十八縱隊	孟再生	2,500	1,500			待聯
魯中人民反共自衛救國軍第一縱隊	陳正義	3,000	907	2	大汶上、新泰、蒙陰、沂水	待聯
	核准文號：前山東綏總呈報 39.8.18					
魯中人民反共自衛救國軍第二縱隊	陳德山	2,700	1,519		寧陽、汶上、泰安、平陰	待聯
	核准文號：前山東綏總呈報 39.8.18					
魯中人民反共自衛救國軍第三縱隊	陳若愚	3,000	1,012		寧溫、東平湖	待聯
	核准文號：前山東綏總呈報 39.8.18					
魯東人民反共自衛救國軍第一縱隊	秦農夫	1,200	760			待聯
	核准文號：前山東綏總呈報 39.8.18					
魯西人民反共自衛救國軍第三縱隊	邵蘭田	2,061	1,390		南旺湖、濟寧、嘉祥	待聯
	核准文號：前山東綏總呈報 39.8.18					
山東省人民反共自衛救國軍第十一縱隊	李君南	4,000	2,000		利霞、黃河渡口、天津、北平	待聯
	核准文號：前山東綏總呈報 39.8.18					
魯中人民反共救國突擊縱隊	周昆山	2,643	1,200		嶧蒙山區	待聯
	核准文號：保密局 39.11.1					
山東人民反共突擊第一縱隊	張立業	8,274	4,150		蒙山、嶧蒙山區	待聯
	核准文號：保密局 39.1 備考：本人在台					

番號	主官姓名	兵力	武器		活動地區	聯絡情形
			槍	砲		
魯西人民反共突擊縱隊	馮春彭	4,000	2,100		魯西一帶	待聯
核准文號：保密局 39.9.1						
魯東人民反共突擊縱隊	苗占奎	3,500	1,820		牟平、海陽	待聯
核准文號：保密局 39.9.1						
泰山人民反共突擊縱隊	陳瑞湖	3,486	1,720		淄博等縣	待聯
核准文號：保密局 38.11.1						
膠濟路人民反共突擊縱隊	王素樵	1,274	820		膠濟路以北地區	待聯
核准文號：保密局 38.8.1						
魯西人民反共突擊縱隊	許斌庭	850	620		微山河一帶	待聯
核准文號：保密局 38.9.1						
魯東人民反共突擊支隊	孫進卿	1,120	720		即墨、膠縣	待聯
核准文號：保密局 39.10.1						
山東省獨立第一支隊	劉彥峰	900	300		嶧縣、台兒莊、韓莊	待聯
山東省獨立第二支隊	項傳音	3,600	1,240			待聯
山東省獨立第十一支隊	高柱	1,000	320			待聯
山東省獨立第十二支隊	李義民	900	200			待聯
山東省獨立第十三支隊	徐英	950	250			待聯
山東省獨立第廿一支隊	孟憲寅	3,000	750		東平及東平湖	待聯
山東省獨立第二十二支隊	郝道一	1,200	250		陽穀附近	待聯
山東省獨立第三十一支隊	吳士超	1,500	350		萊蕪、新泰	待聯

	單位數	兵力	武器	
			槍	砲
待聯	35	87,960	35,893	
合計	35	87,960	35,893	

河南游擊區部隊概況表

番號	主官姓名	兵力	武器		活動地區	聯絡情形
			槍	砲		
中華人民反共救國軍獨立第廿四縱隊	李世傑	17,000,	9,020		葉縣、魯山、寶豐、伏牛山	信聯
	核准文號：（39）樸植 0408 號代電 38.8.18 備考：在港					
中華人民反共救國軍獨立第三三縱隊	邱峴章				豫魯邊區	待聯
	核准文號：（39）樸植 0606 號代電 39.10.23					
反共救國軍獨立第五十九縱隊	田宗賢				豫魯皖邊區	信聯
	核准文號：救放 96 號代電 40.11.25 備考：在台					
反共救國軍獨立第六十一縱隊	李希智					信聯
	備考：在港					
河南省第一縱隊	王金聲				豫東	待聯
	核准文號：卅八巳智德展紳電					
河南省第二縱隊	丁叔宏				豫東	待聯
	核准文號：38.6.10 展紳自 60 號代電					
河南省第三縱隊	薛炳靈				豫東	待聯
	核准文號：38.6.10 展紳自 60 號代電					
河南第十一縱隊	高慕齋	800	600		豫西	待聯
	核准文號：38.6.28 展紳 2078 號代電					
豫東挺進縱隊	馬福生	6,000			豫東	待聯
	核准文號：39.11.16 德明 0357 代電					
豫皖邊區人民反共突擊軍	蔣心亮	4,000	2,100		黃泛區及中部	待聯
	核准文號：保密局 39.6.1					
豫北人民反共突擊縱隊	暴惠民	8,000			滑縣、中條山	待聯
	核准文號：保密局 39.8.1					
華中軍事特派員兼豫皖鄂湘邊區人民反共突擊軍	程學玉	10,000			豫鄂皖湘贛邊區	待聯
	核准文號：保密局 39.12.1					

	單位數	兵力	武器	
			槍	砲
信函聯絡	3	17,000	9,020	
待聯	9	28,800	2,700	
合計	12	45,800	11,720	

陝西游擊區部隊概況表

番號	主官姓名	兵力	武器		活動地區	聯絡情形
			槍	砲		
中華人民反共救國軍獨立第卅八縱隊	王璋	4,000			潼關、渭南、雒南、西安	信聯
	核准文號：（39）樸植 0688 號代電 39.11.24					
陝山邊區反共救國自衛軍總指揮	董文林				陝晉邊區	待聯
陝豫邊區人民反共突擊軍	郭子彬	4,130			商縣、山陽、南陽	待聯
	備考：本人在台					
隴南挺進縱隊	鄧合光	5,000			天水、武都、岷縣	待聯
	核准文號：38.11.5 伊留蓉 09 代電					
陝川邊區人民反共突擊縱隊	胡銘青	1,124	710		南鄭、寧強山區	待聯
	核准文號：38.12.11 保密局					
陝鄂邊區人民反共突擊縱隊	柯愈珊	5,415	2,500		山陽、商縣	待聯
	核准文號：38.10.1 保密局					
陝晉邊區挺進縱隊	宋潔	4,000			澄城、邵陽、韓城	信聯
	核准文號：38.11.9 伊留榮代電					
陝西人民反共突擊獨立獨一縱隊	王雲	1,330	790		秦嶺山脈	待聯
	核准文號：38.11.1 保密局					
陝西人民反共突擊獨立第二縱隊	王之健	2,102	1,050		固城、西鄉	待聯
	核准文號：38.11.1 保密局					
陝西人民反共突擊獨立第三縱隊	任志芳	310	300		鄘縣	待聯
	核准文號：38.12.1 保密局					
陝綏寧邊區人民反共突擊獨立第三支隊	張廷芳	1,300	790		陝北三邊	待聯

	單位數	兵力	武器	
			槍	砲
信函聯絡	2	8,000		
待聯	9	20,711	6,140	
合計	11	28,711	6,140	

四川游擊部隊概況表

番號	主官姓名	兵力	武器 槍	武器 砲	活動地區	聯絡情形
反共救國突擊軍第十路	周大用 鄒重光（副）	12,000	12,000		川康邊區、雷馬屏、雅安、康定、稻城、西昌一帶	信聯
	核准文號：40.3.14 本部救攻字 119 號代電					
川康人民反共突擊軍	周迅予	43,500			川西北黑水、麥桑地區	電聯
	核准文號：保密局 38.11 派					
川滇邊區人民反共突擊軍	楊映五	4,900	1,920		雷波、馬邊、峨邊地區	待聯
	核准文號：保密局 38.12 派					
川北人民反共突擊軍	廖宇澤	5,472	2,700		蓬安江南地區	待聯
	核准文號：保密局 38.12 派					
川湘鄂邊區人民共突擊軍	溫應冰				根據地設於晴隆	待聯
	核准文號：保密局 39.12 派 備考：溫本人在台府警務處任專員					
廣元地區人民反共突擊軍	任鴻猷	1,739	1,739		廣元、劍閣、寧強地區	待聯
	核准文號：保密局 39.11 派					
青年救國軍	邱志成	8,000+	3,000		川東江北地區	待聯
反共救國軍	夏文樞 余如海	1,000+			灑彭山區	待聯
川東挺進第一縱隊	李遠鑑	3,000	1,500		隆昌、內江、富順一帶	待聯
	核准文號：本部 38.12.7 伊游字 113 號代電					
川東挺進第二縱隊	曾子榮	3,000	1,500		堅山、合川、潼南一帶	待聯
	核准文號：本部 38.12.7 伊游字 113 號代電					
反共救國軍	石重陽 林蔚文 李大春	5,000+			綦江、江津、合江一帶	函聯
	核准文號：本部川康聯絡專員 41.1.19 報告					
川北反共挺進軍	包莊夫 孟浩然	23,000+			綿陽堅山公路沿線	函聯
	核准文號：本部川康聯絡專員 41.1.19 報告					
川東反共救國軍	楊其昌 譚席珍 任正格	20,000+			開縣、樂江、大竹、鄰水、渠河一帶	函聯
	核准文號：本部川康聯絡專員 41.1.19 報告					
川中反共救國軍	蕭烈	37,000+			犍為、富順一帶	函聯
	核准文號：本部川康聯絡專員 41.1.19 報告					
呂調陽部		10,000+			成渝線	函聯
	核准文號：改委會六組資料 40.11.28					
川東王三春之子及弟所率部隊		7,000+			達縣、萬源、城江一帶	函聯
	核准文號：改委會六組資料 40.11.28					

番號	主官姓名	兵力	武器 槍	砲	活動地區	聯絡情形
鄭仕亮部		2,000+			廣安、渠縣一帶	函聯
核准文號：改委會六組資料 40.11.28						
趙老太太舊部		10,000+			金堂、趙家渡、什邡一帶	函聯
核准文號：改委會六組資料 40.11.28						
國防部第五縱隊	陳超	7,000+			雷馬屏一帶	函聯
核准文號：改委會六組資料 40.11.28						
余紀東部		數萬				函聯

	單位數	兵力	武器 槍	砲
電台聯絡	1	43,500		
信函聯絡	11	133,000	12,000	
待聯	8	27,111	12,319	
合計	20	203,611	24,319	

貴州游擊部隊概況表

番號	主官姓名	兵力	武器		活動地區	聯絡情形
			槍	砲		
中華人民反共救軍第五路路司令部	朱導江 陳星福（副）	7,200	7,200		羅甸縣城及覃山區	信聯
	核准文號：39.6.13（39）樸植字 197 代電 備考：一、據報朱已被俘 二、自該部參謀長 40.1.17 報告該部狀況後迄未與部聯絡					
第五十一縱隊	韋育英（副）	6,000	2,400		平壩、馬場、安順、馬□邊境	信聯
	核准文號：39.9.8（39）樸植字 0476 代電					
第五十二縱隊	汪生榮	4,800	1,920		惠水、三都場、平塘、羅甸、貴筑邊區	信聯
	核准文號：39.9.8（39）樸植字 0476 代電					
第五十三縱隊	劉逸群 顧華耀（副）	6,000	2,400		平越、麻江、貴定、都勻、鑪山、甕安、安區	信聯
	核准文號：39.9.8（39）樸植字 0476 代電					
第五十四縱隊	楊安華 王體乾（副）	4,400	1,760		貴陽外圍西南山區	信聯
	核准文號：39.9.8（39）樸植字 0476 代電					
第五十五縱隊	李咸舉 劉再明（副）	5,600	2,240		貴陽外圍東北山區	信聯
	核准文號：39.9.8（39）樸植字 0476 代電					
第五十六縱隊	蔣衡昌 車永年（副）	4,400	1,760		普定、熊家場、郎代、織金邊區	信聯
	核准文號：39.9.8（39）樸植字 0476 代電					
直屬第一支隊	羅鳴疆	800	320		長順、天馬鄉	信聯
	核准文號：39.9.8（39）樸植字 0476 代電					
直屬第二支隊	王少斌	720	320		開陽、甕安、息烽邊區	信聯
	核准文號：39.9.8（39）樸植字 0476 代電					
黔東第一縱隊	焦海江				馬場坪	待聯
	核准文號：39.9.8（39）樸植字 0476 代電					
十九兵團	熊起厚 蔡世康	8,000			思南、餘慶一帶	

	單位數	兵力	武器	
			槍	砲
信函聯絡	10	47,920	20,320	
待聯	1			
合計	11	47,920	20,320	

西康省游擊部隊概況表

番號	主官姓名	兵力	武器		活動地區	聯絡情形
			槍	砲		
川康邊區游擊軍總指揮部	陳榮壽	5,000	4,000		雷溪、夏波	待聯
	核准文號：前西南長官公署卅九寅養電報					
新編第十四軍	程志武	10,000	8,000		蘆山、天全、滎經	待聯
	核准文號：前西南長官公署卅九寅養電報					
新編第十五軍	李元亨	10,000	8,000		蘆山、天全、滎經	待聯
	核准文號：前西南長官公署卅九寅養電報					
西南反共自衛第三縱隊	蘇國憲	4,000	3,200			待聯
	核准文號：前西南長官公署卅九寅養電報					
西南反共自衛第四縱隊	諸葛世槐	3,000	2,400			待聯
	核准文號：前西南長官公署卅九寅養電報					
金沙江南岸挺進第一縱隊	李廷桐				金沙江南岸	待聯
	核准文號：前西南長官公署卅九寅養電報					
金沙江南岸自衛第一縱隊	盛仿				金沙江南岸	待聯
	核准文號：前西南長官公署卅九寅養電報					
大涼山區人民反共突擊軍	楊砥中	7,540			川康邊境大涼山區	待聯
	核准文號：保密局 39.2 派遣					
大涼山區人民反共突擊縱隊	王映隆	2,700			川康邊境大涼山區	待聯
	核准文號：保密局 39.2 派遣					
川康挺進軍	秦金山	1,000	600		川康邊區	待聯
	核准文號：諜組卅九寅申微電報					
反共救國軍第十路	劉世槐				川康邊境大涼山區	待聯

	單位數	兵力	武器	
			槍	砲
待聯	11	43,240	26,200	
合計	11	43,240	26,200	

西北游擊區部隊概況表

番號	主官姓名	兵力	武器		活動地區	聯絡情形
			槍	砲		
新疆省綏靖總司令	堯樂博士	10,000			東疆鎮西	待聯
	核准文號：行政院派 備考：該員在台					
甘寧邊區人民反共突擊軍	蘇劍禪	22,000	10,500		固遠、中衛、靖遠	待聯
	核准文號：保密局 39.8.1					
賀蘭山區人民反共突擊軍	郭栓子	23,000	8,500		賀蘭山區	信聯
	核准文號：保密局 39.12.1					

	單位數	兵力	武器	
			槍	砲
信函聯絡	1	23,000	8,500	
待聯	2	32,000	10,500	
合計	3	55,000	19,000	

東北游擊區部隊概況表

番號	主官姓名	兵力	武器		活動地區	聯絡情形
			槍	砲		
東北剿共先遣軍	張元凱	12,000	700		遼陽、瀋陽	待聯
	核准文號：總統府資料組卅九亥齊電					
東北第一縱隊	陳雷	3,500	2,100		遼西、盤山、台安、義縣	待聯
	核准文號：總統府資料組 39.3.8 亥齊電					
東北第二縱隊	朱學曾	3,700	2,400		阜新、朝陽	待聯
	核准文號：總統府資料組 39.3.8 亥齊電					
東北第三縱隊	何篆	3,100	1,600		莊河、岫岩、孤山一帶	待聯
	核准文號：總統府資料組 39.3.8 亥齊電					
東北第四縱隊	譚寶林	3,500	1,700		海城、遼陽	待聯
	核准文號：總統府資料組 39.3.8 亥齊電					
東北第五縱隊	吳桐	4,800	2,450		珠河、葦河	待聯
	核准文號：總統府資料組 39.3.8 亥齊電					
東北第六縱隊	尹匯川	5,000	2,500		長白山區	待聯
	核准文號：總統府資料組 39.3.8 亥齊電					
反共救國軍獨立第四十四縱隊	孫強	5,000	5,000		長白山區	信聯
	核准文號：救放字 0751 號 40.9.14					
遼南人民反共突擊縱隊	王寶榮	6,168	3,030		遼南、遼中、鞍山、本溪	待聯
	核准文號：保密局 39.3.1					

	單位數	兵力	武器	
			槍	砲
信函聯絡	1	5,000	5,000	
待聯	8	41,768	23,180	
合計	9	46,768	28,780	

華北游擊區部隊概況表

番號	主官姓名	兵力	武器 槍	武器 砲	活動地區	聯絡情形
冀熱遼邊區第二路綏靖總指揮	趙連中	3,500			冀熱遼邊區	待聯
	核准文號：38.8.30 展享自 173 代電					
大行山區人民反共突擊軍	張敬忠	4,800	4,800		太行山區、沁陽	信聯
	核准文號：保密局 39.7.1					
熱河人民反共突擊軍第一縱隊	楊恩晉	2,200	1,040		朝陽、六家子、多倫	信聯
	核准文號：保密局 39.12.1					
綏西人民反共突擊縱隊	寶貴廷	3,500	1,700		阿拉善旗北部、狼山	信聯
	核准文號：保密局 39.12.1					
冀熱遼邊區挺進縱隊	楊守德	3,000			冀熱遼邊區	待聯
	核准文號：38.8.30 展享自 2688 代電					
平津保人民反共突擊縱隊	王恩波	1,238	700		文安、平津保三角地區	待聯
	核准文號：保密局 39.2.1					
冀東人民反共突擊縱隊	趙明山	5,692	2,800		冀東、遵化、寶抵	待聯
	核准文號：保密局 39.4.1					
冀熱邊區人民反共突擊支隊	陳世英	410	305		昌平、懷予以北	待聯
	核准文號：保密局 39.8.1					
綏陝寧邊區人民反共突擊第一支隊	張子揚	1,500	830		綏西、固城、安北	信聯
	核准文號：保密局 39.12.1					
綏陝寧邊區人民反共突擊第二支隊	李英	650	350		包頭、東沙爾沁山區	信聯
	核准文號：保密局 39.12.1					
綏陝寧邊區人民反共突擊第三支隊	奇玉山	2,000	1,050		伊盟烏審旗	信聯
	核准文號：保密局 39.12.1					

	單位數	兵力	武器 槍	武器 砲
信函聯絡	6	14,650	9,970	
待聯	5	12,840	3,805	
合計	11	27,490	13,775	

● 周至柔於國防部參謀總長職期調任主要政績（事業）交代報告－大陸工作類（民國43年6月）

一、訂定游擊部隊人事處理暫行辦法

甲、當時狀況

　　查游擊部隊人事，以往均係依據國軍現行人事法令辦理，多未適合游擊部隊特性，故須訂游擊人事法令，以適需要。

乙、立案著眼

　　游擊部隊人事處理暫行辦法，以鼓勵忠貞志士參加游擊工作，發展匪後游擊武力為原則，針對實際情形，參考現行國軍人事法規而訂定。

丙、內容概要

　　本辦法計七章，共三十六條，分派免、調遷、考核、獎懲、撫卹、婚姻、休假等項，對處理游擊部隊人事業務，足資應用。

丁、實施情形

　　本辦法於四十一年十二月底完成草案，四十二年一月由大陸工作處送會第一廳提供意見，二月中旬提經本部法規研究整理委員會審查再作修正，三月十二日簽報總統奉梗佟強信代電核准，本部於四十二年三月卅一日，以挺擴字第六九八號令發佈實施。

戊、所得成果

　　自本辦法頒佈實施以來，已將游擊人事業務納入正軌，並奠定游擊人事制度之基礎。

二、建立游擊部隊官籍編配軍籍號碼

甲、當時情況

查江浙閩各島嶼游擊部隊，自實施整編，及依據游擊部隊人事處理暫行辦法辦理官長任職後，人事已漸趨正規化，亟需建立軍籍，編配軍籍號碼，以符合國軍人事制度。

乙、立案著眼

遵照總統整理軍籍、保留游擊人員軍籍之指示辦理。

丙、內容概要

江浙閩地區各整編部隊，計突擊大隊以上，共廿八個單位，就現有一百萬軍籍號碼內指撥一段，專為游擊部隊軍籍之用。

丁、實施情形

由本部印製所需各種表冊，派員攜赴各地區，督導各部隊依據現行編制及現員，分別軍官、軍文、造具請編軍籍號碼名冊，審核後編配發布。

戊、所得成果

江浙閩地區，各已整編游擊部隊廿八個單位，其我軍籍號碼均已編配完畢，軍籍亦已建立完成。

三、江浙、福建總部幹部任職

甲、當時情況

大陸工作處成立後，本部鑒於游擊部隊人事混亂，曾先後令飭統一整編，並力圖將人事納入正軌，且分別按大陸及海島部隊，依據本部（三九）銓鉞字第一〇五七號訓令公佈之大陸游擊部隊人事權責及本部（四二）挺擴字第六九八號令頒佈之游擊部隊人事處理暫行辦法辦理。

乙、立案著眼

為配合游擊部隊整編，依據人事處理辦法，以期建立游擊人事制度為著眼。

丙、內容概要

歷年來江浙及福建地區所屬各級幹部，均依據權責，分別辦理任職。

丁、實施情形

任職前將所需官籍表、現職錄，及任免登記簿等，頒發各該總部應用，四十三年度海島部隊經奉核定比照國軍待遇核實補給後，又增加支薪標準一項，故審核工作較繁，本（四十三）年度經整編後之幹部任職，經於五月中旬審核完成。

戊、所得成果

江浙及福建總部，迄目前為止，所有各級幹部，均依據權責，分別任職完成。

四、祕密工作人員人事存記辦法

甲、當時狀況

大陸工作處自成立以來，先後派遣敵後之祕密工作人員，均未調製詳細人事資料卡片，人事調查殊感不便。

乙、立案著眼

依照本部（四一）俞儒六○七號訓令所頒國軍在反共抗俄期中派赴特殊地區工作人員人事存記辦法辦理。

丙、內容概要

人事存記卡片，分正副卡，由派遣單位調製，正卡存派遣單位，副卡呈報本部核備。

丁、實施情形

四十二年度計調製通信人員、空降人員及軍事聯絡專員、軍事連絡員等人事存記卡共二一二份。

戊、所得成果

自調製存記卡片後，有關工作人員之資料，可隨時調閱。

五、游擊人員獎懲褒揚

甲、當時狀況

游擊部隊人員之獎懲褒卹，四十一年以前，因部隊調動頻繁，均未能適時予以辦理，影響士氣。

乙、立案著眼

為求游擊部隊人員之獎懲適切，褒卹適時，依照陸海空軍勛獎條例、獎勵條例，及撫卹條例辦理。

丙、內容概要

一、游擊部隊人員之獎懲，依照人事權責，分別辦理。

二、游擊人員之褒揚，比照國軍辦法，由本部督飭辦理。

丁、實施情形

自四十一年至四十三年五月止，先後辦理游擊部隊人員獎懲褒卹，統計如左：

一、受勛獎者：

1.個人受獎者：十八員。

2.團體受獎者：三個單位。

二、受懲處者：

1.判處徒刑者：一〇五員。

2.懲罰者：七一員。

　　　　三、受褒卹者：

　　　　　　1. 褒揚：一四員。

　　　　　　2. 撫卹：七二八員。

　　戊、所得成果

　　　　因獎懲辦理適切，對鼓勵士氣，整飭軍紀，均有作用。

六、成立大陸工作處增設補給庫及通信總台

　　甲、當時狀況

　　　　一、通信總台：大陸工作處成立之初，對外之電信連
　　　　　　絡，均由其他單位代轉，殊為不便，至四十一年九
　　　　　　月，本部乃令飭成立該處通信總台。

　　　　二、大陸工作處為配合西方企業公司對游擊部隊軍品之
　　　　　　補給，於四十年曾成立第一、二倉庫，後因運台物
　　　　　　資激增，原有倉庫不敷分配，至四十二年六月乃增
　　　　　　設補給庫，以應需要。

　　乙、立案著眼

　　　　為求通信總台及增設補給庫人員之人事納入正軌，除依
　　　　照游擊部隊人事處理暫行辦法處理外，並參照陸海空軍
　　　　人事法規辦理之。

　　丙、內容概要

　　　　一、通信總台：由本部（43）遣適字○六一八號令核定
　　　　　　總台人員支薪等級編制，並凍結官兵員額為五三員。

　　　　二、增設補給庫：由本部（43）遣適字第二七二號令核定
　　　　　　該庫人員支薪等級編制，並凍結員額為一○九員。

　　丁、實施情形

　　　　依照本部頒發編制，調整官兵之支薪等級，並均自四十
　　　　三年元月一日生效。

戊、所得成果

　　一、員額凍結後，人事已納於正軌。

　　二、官兵調整支薪等級後，該兩單位之人事，不致與游擊部隊脫節。

七、游擊人員之出入境

　甲、當時狀況

　　四十二年六月以前，游擊工作人員之出入境，由本部用正式公文令台灣省保安司令部日填發出入境證，或憑冊驗放，因無固定格式，承辦不便，填發費時，常有稽延，且對出入境人員行踪，查考不便。

　乙、立案著眼

　　遵照總統「新速實簡」訓示，增高工作效能。

　丙、內容概要

　　自四十二年七月起，改用通知單辦理，並令各檢查機構將查驗結果，詳記於迴文單內報部。

　丁、實施情形

　　一、用游擊工作人員出入境通知單辦理來往大陳、金門、馬祖等地之出入境手續（不必向保安司令部填發出入境證）。

　　二、用游擊工作人員審核通知單向保安司令部辦理出入境（國外港澳及必要在台申報戶籍之工作人員及眷屬適用）。

　戊、所得成果

　　一、迅捷簡便，對經核准出入境人員已否離台或來台，瞭如指掌。

　　二、避免填證申報戶籍，滯留台省。

八、整理游擊人事資料

　　甲、當時狀況

　　　　當時辦理人事者，只注重公事動態，而忽略人事資料整理，致辦理時僅憑主觀臆斷，使人事不能趨於正軌。有鑒於此，故四十年度起，即開始建立游擊部隊人事資料。

　　乙、立案著眼

　　　　為建立游擊部隊人事制度，以求升遷公允，人盡其才。

　　丙、內容概要

　　　　按照四〇至四二年施政計劃，已完成游擊人員個人檔袋一一、〇〇〇個，本（四三）年完成人名卡片五、〇〇〇張，共計一六、〇〇〇份，皆以科學方法管理，以為任免晉調之準據。

　　丁、實施情形

　　　　現已登記任職者，計有一、〇一四員，免職者計四四六員，勳獎者二三二員，懲罰者一〇三員，褒揚者四〇員，撫卹者七三八員。

　　戊、所得成果

　　　　依照預定計劃進度實施，已完成全進度百分之八十。

九、敵後情報之調查連絡

　　甲、當時狀況

　　　　自共匪竊據大陸後，敵後忠貞之士，相率自動集結，從事游擊，但均未能與政府取得聯繫。

　　乙、立案著眼

　　　　為連絡游擊部隊，並壯大敵後反共武力，從事連絡工作，乃成立連絡工作站。

丙、內容概要

吸取忠貞志士並對敵後有良好人事關係及有工作經驗之人員，予以訓練後，派赴大陸工作，或負連絡站責任。

丁、實施情形

依照計劃，主動實施。

戊、所得成果

一、連絡人員派遣：三十九年接收（資料組及第二廳者）十九人，四十年派遣五十四人，四十一年派遣廿一人，四十二年派遣廿九人，四十三上半年度派遣十一人，除撤銷外，現共七十七人。

二、連絡站建立：四十年建立香港、河內兩站，四十一年建立大陳、金門兩站，四十二年建立閩贛區及湖南兩站，四十三年建立浙東一站，雲南一站，計除撤銷外，現共五個站。

十、策反匪軍

甲、當時狀況

匪軍動搖分子及忠貞民眾，極欲反抗暴政，爭取自由，效忠國家。

乙、立案著眼

利用人事關係，選派適當人員潛赴大陸進行策反工作，培植內應力量，瓦解匪偽政權。

丙、內容概要

以匪方部隊幹部、船艦、飛機為對象，使之反正來歸，並收集內線情報，擴大心戰宣傳。

丁、實施情形

依照當時情形，適時適切。主動辦理。

　　戊、所得成果

　　　　四十一年協助策動年達輪駛台。

　　　　四十二年策動藍汗杰、薛汗松、譚同光等歸來，並協助

　　　　保利南輪駛台。

　　　　四十三年策動羅德光、周淵博等歸來，曾△、陳△、

　　　　古△、杜△、陳△及某輪等案，正進行中。

十一、游擊通信

　　甲、當時狀況

　　　　各海島及敵後游擊部隊之通信，多未建立電台，間或

　　　　有通信設備者，亦極簡陋，連絡困難。

　　乙、立案著眼

　　　　為靈活各游擊部隊之通信，以利游擊作戰之指揮及情報

　　　　傳遞，主動計劃建立無線電台，以構成游擊通信網。

　　丙、內容概要

　　　　儲備無線電機及所要之通信人員，以派建敵後電台，

　　　　並協助各游擊總部整理其通信業務。

　　丁、實施情形

　　　　依照計劃，分期主動實施。

　　戊、所得成果

　　　　一、四十年度——建分台四二座，訓練通信人員二九員。

　　　　二、四十一年度——成立總台一座，支台四座，建立

　　　　　　分台一四座，訓練通信人員三〇員。

　　　　三、四十二年度——建分台一九座，加強總台設備，

　　　　　　增設遙控，增設大型電機二部，訂製小型電機

　　　　　　五〇部，福建及浙江兩總部之通信整理完畢。

四、四十三年度——建立分台一座，調整總台編制，
　並標購自裝大型收報機兩部所需之材料。

十二、游擊情報

　甲、當時狀況

　　針對大陸匪情及游擊部隊分佈狀況，主動蒐集情報
　　資料。

　乙、立案著眼

　　強化游擊情報工作，俾能作適切之指導與發展。

　丙、內容概要

　　整理各游擊部隊原有情報機構，及訓練情報人員，派
　　入敵後蒐集情報，然後整理分判分發，以為匪情研究
　　之依據。

　丁、實施情形

　　一、訂定游擊情報蒐集計劃。

　　二、適時要求各游擊部隊供給情報資料。

　　三、指導調查連絡人員蒐集具報。

　戊、所得成果

　　四十一年訓練情報人員一一六員，通信員一〇〇員。

　　四十二年江浙總部建立一七個情報組。

　　雲南總部建立六個情報組。

　　粵東總部建立一個情報組。

　　海南總部建立一個 K 站。

　　四十三年游擊情報之研判處理，經常辦理。

十三、統一調整游擊部隊組織番號

　甲、當時狀況

　　大陸陷匪之初，各地游擊武力蜂起，番號零亂，組織鬆

懈，且無領導，常被匪各個擊破。

乙、立案著眼

　　統一游擊部隊番號組織，以加強其領導。

丙、內容概要

　　一、游擊部隊區分為野戰性及地方性。

　　二、野戰性採用路、縱隊、支隊、大隊、中隊、分
　　　　隊、小隊，地方性採用總隊、大隊、中隊、分
　　　　隊、小隊。

　　三、已取得連絡之游擊部隊，一律改用統一番號。

　　四、律定各級組織系統及概略編組。

丁、實施情形

　　經訂頒「游擊部隊番號組織統一調整辦法」一種實
　　施，並呈報總統備案。

戊、所得成果

　　番號統一，組織健全，領導增強。

十四、訂頒雲南等九個反共救國軍總指揮部編制

　　甲、當時狀況

　　　　雲南、福建、江浙、粵東、粵南、粵西、粵北、粵中、
　　　　海南等總指揮部，均已先後成立，但無編制。

　　乙、立案著眼

　　　　確定各反共救國軍總指揮部編制，以利業務之推進
　　　　發展。

　　丙、內容概要

　　　　一、廣東六個總部，及江浙總部，為單純之軍事指揮
　　　　　　機構，計分辦公室、參謀處、補給處、政治部四
　　　　　　個單位，總人數一百四十員。

二、雲南、福建兩總部，為軍政統一編制（詳軍政
配合）。

丁、實施情形

一、廣東六個總部編制，於四十一年八月廿日頒發。

二、江浙總部編制，於四十一年八月六日頒發。

戊、所得成果

各總部業務推行容易，職掌分明，有利游擊工作之
發展。

十五、訂頒海島游擊部隊突擊部隊編制

甲、當時狀況

游擊部隊大隊以下，僅有組織系統，缺乏明確編制。

乙、立案著眼

確定海島游擊部隊大隊以下編制，爭取美援，加強
戰力。

丙、內容概要

一、突擊大隊下轄四個中隊，一個直屬中隊。

二、突擊大隊為作戰訓練單位，各步兵中隊亦有獨立
作戰能力。

丁、實施情形

於四十一年六月十四日頒發江浙、福建兩總部，遵照
實施，嗣以該項編制之通信人員，不敷應用，政工體
制不符，乃於四十二年二月廿四日再予修訂。

戊、所得成果

海島游擊部隊戰鬥力提高，迭次突擊作戰，多能獲得
良好之成果。

十六、訂頒海島游擊部隊編制

　　甲、當時狀況

　　　　海島游擊部隊，自四十三年元月一日，實施國軍待遇。

　　乙、立案著眼

　　　　統一海島游擊部隊編制，訂定支薪標準，配合實施
　　　　國軍待遇。

　　丙、內容概要

　　　　一、訂定海島游擊部隊各級組織系統及編制。

　　　　二、配合職務，訂定支薪標準（幹部分十級，隊員
　　　　　　分二級）。

　　　　三、支薪標準，不作爾後核階之依據。

　　丁、實施情形

　　　　於二月廿七日頒發編制表，令各部遵照實施。

　　戊、所得成果

　　　　海島游擊部隊實施國軍待遇，順利完成。

十七、成立雲南等九個反共救國軍總指揮部

　　甲、當時狀況

　　　　各游擊區游擊部隊，無統一指揮機構，運用發展困難。

　　乙、立案著眼

　　　　統一各游擊區游擊部隊及游擊工作之指揮運用與發展。

　　丙、內容概要

　　　　一、成立東南沿海及雲南各游擊區總指揮部。

　　　　二、遴選人地兩宜具有號召能力之人士為總指揮。

　　丁、實施情形

　　　　一、四十年元月十日成立雲南、福建兩反共救國軍
　　　　　　總指揮部。

二、四十年三月廿日成立粵東、粵南、粵西、粵北、
粵中等五個總指揮部。

三、四十年五月十六日成立海南反共救國軍總指揮部。

四、四十年十月廿五日成立江浙反共救國軍總指揮部。

戊、所得成果

各游擊區游擊部隊及游擊工作，得以統一指揮。

十八、凍結海島游擊部隊員額

甲、當時狀況

國家財力有限，海島游擊部隊實施國軍待遇，員額
必須凍結。

乙、立案著眼

就海島現有游擊部隊人數加以凍結，以利核實補給。

丙、內容概要

以江浙、福建海島游擊部隊，大陸工作處所屬通信
總台，江浙直屬支台，增設補給庫，為凍結單位。

丁、實施情形

四十二年底派員前往上述各單位點驗，四十三年三月
十日下令，凍結共一五、七七八員。

戊、所得成果

核實補給得順利完成。

十九、統一調整雲南地區游擊部隊番號

甲、當時狀況

雲南地區游擊部隊組織散漫，指揮運用極感困難。

乙、立案著眼

簡化部隊機構，加強組織。

丙、內容概要

　　全滇成立南、北兩個指揮所，將原有部隊改編六個路、兩個師、十五個縱隊、三個獨立支隊、三個大隊。

丁、實施情形

　　由四十二年六月起，至同年九月底止，全部改編就緒。

戊、所得成果

　　指揮運用均較靈活。

二十、福建游擊部隊整編

甲、當時狀況

　　福建游擊部隊組織，未臻健全，未能充分發揮戰力。

乙、立案著眼

　　統一部隊番號組織，加強領導，以利指揮運用。

丙、內容概要

　　核定福建總部下轄閩南、閩北兩個地區司令部，地區下按縱隊、支隊、大隊、中隊、區隊、分隊等編成之。

丁、實施情形

　　於四十年九月廿四日核定閩南地區司令部各縱隊番號為一一一至一一五，閩北地區司令部各縱隊番號為一一六至一二〇，內陸方面游擊部隊因連絡困難，迄未整編具報。為爭取美援及便利突擊作戰，海島部隊均先後編為支隊，四十三年二月間復將閩南北地區司令部撤銷，其部隊併編為四十四及四十五支隊。

戊、所得成果

　　福建海島部隊已全部裝訓完成，指揮運用，均甚靈便，隨時可以負擔突擊作戰。

二十一、整編粵桂地區游擊部隊番號

    甲、當時狀況

        各地區游擊部隊，大都各自為政，漫無組織，指揮運用，均感困難。

    乙、立案著眼

        統一指揮，便利運用。

    丙、內容概要

        一、廣東情形特殊，游擊武力比較活躍，故分別成立六個總指揮部，並遴派具有實力人士負責領導。

        二、廣西因情況隔閡，並派蔣伏生為越桂邊區軍事聯絡專員，先事負責桂南游擊部隊之連絡指導。

    丁、實施情形

        粵省方面：於四十年三月廿日成立粵東、南、中、西、北等總指揮部，五月十六日成立海南總指揮部，計共六個指揮機構，全省現有路一一、縱隊五六、支隊一六、突擊軍（軍）四、師四。

        桂省方面：現有路二、地區司令部四、縱隊六、支隊一、軍（突擊軍）三。

    戊、所得成果

        指揮運用均較靈活，且有利於匪後游擊工作之開展。

二十二、整編江浙地區游擊部隊番號

    甲、當時狀況

        三十九年底，江浙區游擊部隊番號繁雜，組織鬆懈，指揮未統一，彼此牽制。

    乙、立案著眼

        統一組織，分層指揮，增強戰力。

丙、內容概要

　　所有取得聯絡之游擊武力，均按照游擊部隊番號組織統一調整辦法，重新編組，直接控制之海島游擊部隊暫歸國防部直轄，協助整編，並適時成立總指揮部，統一指揮，加強整訓，逐次裝編。

丁、實施情形

　　江浙內陸有聯絡之游擊部隊及海島游擊部隊，均於四十年初，按照前項辦法賦予番號，由本部直接指揮，同年五月開始海島部隊之訓練，十月江浙總指揮部成立，負該地區所有部隊之指揮整訓，四十一年海島部隊除保留原番號為「發展部隊」外，其餘於五月底併編為六個突擊大隊，一個砲兵大隊，一個船舶總隊，嗣因狀況需要，復於四十二年八月，將該總部撤銷，所屬各部改歸劉兼副總指揮廉一（大陳防守區司令官）指揮，俾配合國軍之作戰。

戊、所得成果

　　該地區現有地區司令部四、突擊軍一、師路各一、縱隊二四、支隊四、總隊一、突擊大隊六、砲兵大隊一、共四十四單位，經連年整編訓練後，戰力加強，並能切實配合國軍之作戰。

二十三、成立游擊傘兵總隊

甲、當時狀況

　　為發展敵後游擊作戰，及配合沿海突擊作戰，亟須成立游擊傘兵部隊。

乙、立案著眼

　　成立游擊傘兵總隊，任游擊傘兵訓練作戰事宜。

丙、內容概要

一、與西方公司會商游擊傘兵總隊成立原則,並訂定編制。

二、四十一年二月十八日,本部以(41)熙炬字七二號令核定成立游擊傘兵總隊。

三、四十二年九月廿五日,本部以(42)還遣字代電核定游擊傘兵總隊與陸軍傘兵總隊併編,並歸本部直轄。

四、選定龍潭為基地。

丁、實施情形

一、四十一年三月十六日,游擊傘兵總隊正式成立。

二、四十一年十月十日,游擊傘兵總隊與陸軍傘兵總隊於屏東正式併編,由西方公司供給一千人裝備,並於西方公司協助下開始訓練。

三、龍潭基地於四十二年六月建設完成,部隊於屏東全部進駐基地。

戊、所得成果

一、獲得一千人之傘具裝備。

二、完成傘兵訓練基地之建設,並迅速增強傘兵空降作戰力量。

二十四、游擊部隊及幹部之訓練

甲、當時狀況

大陸工作處成立後,鑒於游擊幹部及部隊素質不齊缺乏訓練,故特設立游擊幹部訓練班,訓練幹部。另令飭各地區部隊實施訓練,藉以提高軍官素質及部隊戰力。

乙、立案著眼

　　提高幹部作戰指揮能力，增強部隊戰力。

丙、內容概要

　　一、游幹班召訓：四十年三月設立游擊幹部訓練班，由大陸工作處及西方公司負責監督指導，釐訂召訓計劃，分期調訓各級幹部。

　　二、國軍各校班之調訓：送訓單位暫定為江浙、福建、雲南三個總隊之幹部，其調訓名額由大陸工作處適當分配之。

　　三、部隊訓練：各部隊遵照部頒突擊大隊編制編成訓練單位，進入訓練基地，實施一般作戰及兩棲登陸作戰訓練，並由西方公司派員協助，凡集訓完成之部隊，由西方公司撥給所需之裝備。

丁、實施情形

　　一、游幹班方面：該班成立迄今，先後成立高級、教育、爆破、心戰、救護、幹部、連絡、參謀、艦艇、兵器、武器保養、特情、船員、輪機、海事通信、特種通信、通信機務、通信報務等十七個隊，分別施以戰術及特種訓練。

　　二、國軍各校班方面：江浙、福建、雲南三總部之幹部，分期配額選送陸軍參校、步、砲、通校各班受訓。

　　三、浙閩地區部隊方面：四十年五月於大陳、金門兩地設立訓練基地，分別集訓各部隊，並由西方公司派員協助實施之。

　　　戊、所得成果

　　　　　一、游擊部隊實施訓練後，體格、技能、軍紀、
　　　　　　　士氣各方面，均有良好成果，且集訓完畢之部
　　　　　　　隊，由西方公司撥供裝備，戰力得以加強。

　　　　　二、在游幹班受訓畢業之學員共為三、一三五員。

　　　　　三、在國軍各校班受訓畢業之學員共為六七四員。

　　　　　四、集訓完畢之部隊為一九、二二三員。

二十五、〔原件缺漏〕

　　　一、〔原件缺漏〕

　　　二、〔原件缺漏〕

　　　三、地面作戰訓練：加強中隊戰鬥教練全部完成，大
　　　　　隊戰鬥教練完成一個大隊。

二十六、劃分游擊區域

　　　甲、當時狀況

　　　　　當時留存大陸之游擊部隊，各自為政，互不統屬。

　　　乙、立案著眼

　　　　　重新釐定指揮系統，劃分區域，使相互協調，壯大
　　　　　游擊武力，鞏固游擊區政權。

　　　丙、內容概要

　　　　　一、以一個省劃為一個游擊區。

　　　　　二、全國劃為十九個游擊區，三個邊區，六個分區。

　　　　　三、每一游擊區、邊區、分區設立一個總指揮部。

　　　丁、實施情形

　　　　　一、訂頒游擊區劃分草案，呈報行政院及總統。

　　　　　二、已成立雲南、福建、江浙、粵東、粵南、粵西、
　　　　　　　粵北、粵中、海南等九個總指揮部（江浙、雲

　　　　南兩總部已撤銷）。

　　戊、所得成果

　　　　游擊部隊領導加強。

二十七、釐訂大陸游擊作戰方案

　　甲、當時狀況

　　　　大陸游擊部隊之活動，著重於武力之集結及根據地之
　　　　建立，因而無法避免共匪之圍攻，而遭受重大損失。

　　乙、立案著眼

　　　　使大陸游擊部隊分散活動，普遍發展，擴大游擊
　　　　區，不注意根據地建立。

　　丙、內容概要

　　　　一、統一指揮大陸游擊作戰，先後成立江、浙、
　　　　　　閩、粵四省總指揮部。

　　　　二、破壞匪機場、工廠、糧庫、軍火庫、鐵路、公
　　　　　　路、橋樑、擊襲匪農會、鄉公所、民兵武裝、
　　　　　　捕殺匪幹。

　　丁、實施情形

　　　　訂定大陸游擊作戰方案，頒發實施，並呈報總統核備。

　　戊、所得成果

　　　　大陸游擊部隊分散活動，損失減少，且予匪共嚴重
　　　　之打擊。

二十八、訂頒現階段游擊作戰計劃

　　甲、當時狀況

　　　　大陸游擊部隊，常因與匪作真面目之戰鬥而遭受重
　　　　大損失。

乙、立案著眼

　　根據大陸游擊作戰方案，現階段在大陸匪後，應著
　　重小型游擊隊之普遍發展，在沿海地區應加強對匪
　　海岸之突襲、滲透、破壞、擾亂。

丙、內容概要

　　一、派員進入大陸，指導各游擊隊活動。

　　二、物色人員在大陸及沿海建立小型游擊隊。

　　三、海島小型游擊隊向內陸滲透活動，及對海岸實
　　　　施突擊。

　　四、小型游擊隊初期以潛伏加強組織，主動爭取民
　　　　眾為主，邇後逐次擴展，並相機實施突襲、破
　　　　壞、擾亂等作戰。

丁、實施情形

　　於四十年四月十八日將「現階段游擊作戰實施計
　　劃」，頒令浙江、福建兩總部遵照實施。

戊、所得成果

　　見各地區突擊作戰及調查連絡。

二十九、雲南地區游擊部隊之作戰

甲、當時狀況

　　李彌部自卅九年二月由滇入緬後，緬政府曾屢圖控
　　我於聯合國，美政府亦恐予匪藉口騷擾東南亞，迭
　　次要求該部撤離，本部為顧慮國際情勢，並發展雲
　　南工作，乃令該部離緬返滇游擊。

乙、立案著眼

　　耿馬位置良好，並有機場可資利用，為理想游擊基地。

丙、內容概要

以攻略耿馬、奪取機場之目的，主力先攻克滄源，爾後分向鎮康、雙江之匪攻擊，另一部向瀾滄攻擊，以期會師耿馬，建立基地。

丁、實施情形

第一期攻克滄源，第二期攻擊耿馬未果，乃調整部署，撤返滇緬邊區。

戊、所得成果

一、振奮士氣民心，達到國際宣傳利益（此次作戰，無論台灣或大陸同胞，無不振奮異常）。

二、牽制匪軍兵力於滇西南地區。

三十、南日島作戰

甲、當時狀況

南日島駐匪二八軍之一個連及民兵一個中隊，計兵力約三〇〇餘人。

乙、立案著眼

積極實施海島突擊登陸作戰，不斷打擊消耗匪軍戰力，並振奮我士氣民心。

丙、內容概要

使用我裝訓完成之四個中隊兵力，指派福建總部參謀長黃炳炎統一指揮，實施突擊。

丁、實施情形

四十年十二月七日突擊部隊在我海軍掩護下，實施登陸，順利佔領該島，同日十六時撤離。

戊、所得成果

該島匪軍，除一四〇餘人被俘外，其餘全數被殲，另

　　　擊沉（燬）匪船隻七艘，重傷四艘，及鹵獲輕重武
　　　器甚多。

三十一、東山島作戰

　　甲、當時狀況

　　　　一、東山島匪軍為縣獨立大隊及公安師第八○團之一
　　　　　　個營與水兵部隊等，總兵力約一、一七五人。

　　　　二、為爭取美方繼續裝備，及考驗我部隊聯合作戰
　　　　　　能力，施行向東山島突襲。

　　乙、立案著眼

　　　　一、爭取大陸民心，搜集匪情資料。

　　　　二、爭取美方繼續裝備。

　　丙、內容概要

　　　　訂定計劃草案，定名為粉碎行動計劃，派胡璉為本
　　　　計劃作戰司令官，使用正規軍一個師，游擊部隊一
　　　　個支隊，傘兵一個支隊，以及海軍陸戰大隊等，約
　　　　計一一、○○○餘人，聯合作戰，攻佔東山島，殲
　　　　俘匪軍後依命撤退。

　　丁、實施情形

　　　　四二年七月十六日開始行動，突擊部隊分左右兩
　　　　路，向東山島突擊登陸，傘兵部隊隨即在該島北部
　　　　八尺門附近著陸，配合作戰，初期進展順利，後因
　　　　匪頑抗，我正規部隊乃以一部迂迴鑽隙，與我傘兵
　　　　會師，經十六、十七兩日戰鬥，殲敵過半，十八日
　　　　我全部撤離返防。

　　戊、所得成果

　　　　此次東山島突擊作戰，雖未達到理想成果，但能振

奮人心。

三十二、粵中地區作戰

甲、當時狀況

美方希望在指定之地區內，指定目標，限期破壞，其戰果應於香港報章及其他情報中予以證明。

乙、立案著眼

破壞匪共軍事設施，以堅定友方對我游擊部隊之信念。

丙、內容概要

在粵中地區：（1）寶安縣西鄉匪糧倉，（2）黃埔匪倉庫，（3）廣九路等為選定破壞目標，並發給港幣二、〇〇〇元為工作費，限於四十二年五月底完成。

丁、實施情形

全部工作由謝活榮統一指揮分配，於四十年三月二十日開始計劃，五月中旬各目標工作人員分別進入指定地區，完成部署。

戊、所得成果

因通信中斷，成果無從查證。

三十三、游擊部隊戰果統計表

區分 \ 戰果 \ 年度		40 年	41 年	42 年	小計	43 年 1-4 月	總計
作戰次數		1,087	609	103	1,799	22	1,821
戰果	斃傷	47,989	14,338	5,251	67,578	42	67,620
	俘	3,439	3,092	262	6,793	79	6,872
鹵獲	馬匹	32	4	80	116		116
	槍枝	9,619	4,445	435	14,499	76	14,575
	砲	158	54	19	231		231
	船隻	46	51	23	120	10	130
	糧（擔）	21,160	7,940	834	29,934	2,100	32,034
破壞	倉庫	43	58		101	1	102
	橋樑	26	40	1	67		67
	船隻	129	152	16	297	8	305
	通信（處）設施	8	22	1	31		31
	車輛	143	114	2	259		259
	工廠	1	6		7		7
	鐵（次）路	1	27		28		28
	飛機		4	2	6		6
我方損失	傷亡	2,661	1,997	3,184	7,842	128	7,970
	被俘	87	4	38	129		129
	失蹤	170	138	31	339	3	342
	槍枝	577	366	169	1,112	2	1,114

三十四、訂頒雲南、福建兩省政府與反共救國軍總指揮部軍政統一編制

甲、當時狀況

行政院頒發「簡化戰地省縣組織統一軍政事權辦法」，規定省政府與反共救國軍總指揮部應合為一體，以求游擊區軍政之密切配合。

乙、立案著眼

遵照院頒上項辦法規定，訂定編制，以求軍政配合。

丙、內容概要

省主席兼總指揮，下設祕書處、經濟處、政務處及政治部、軍事處等四個單位。

丁、實施情形

一、雲南省軍政統一編制製表於四十一年四月卅日頒發。

二、福建省軍政統一編制表，於四十二年五月廿六日頒發。

戊、所得成果

游擊區軍政密切配合，運用靈活。

三十五、四國會議及李彌部隊撤退

甲、當時狀況

李部二千餘人，於卅九年二月被迫退入緬境後，緬方即迭次要求，四十二年三月緬軍大舉進攻，結果敗退，同年三月廿五日緬政府向聯合國正式提出控我侵略案，經聯大於四十二年四月廿三日決議：「由數會員國進行折衝，將外軍及其眷屬（指李部）撤返臺灣」，並經美方提議由中、美、泰、緬四國組成一聯合軍事委員會，主持撤退事宜。

乙、立案著眼

我政府認為必須徹底執行聯合國決議，否則將對我外交方面有重大危害，甚至將影響到我之聯大代表權，並鑒於爾後對李部不能接濟，該部勢將不能繼續生存。

丙、內容概要

一、四國委員會係於四十二年五月廿二日在曼谷開始，我政府派衣復得上校為出席四國會議之代表團首席代表。

二、緬方代表迭提無理要求，均經我代表力予駁

斥，而緬代表竟於四十二年九月十七日退出會
議，但中、美、泰三國代表仍繼續努力，乃於
四十二年十月十二日，經三方代表對撤退計劃
予以簽字，開始執行撤退。

三、李部兵力，據其所報（四十二年十二月），為
一六、○六八人。

四、原計劃第一階段撤出二千人，第二階段繼續撤
退，撤出五千人，幸均完成。

五、被緬方因接近李部罪嫌拘捕華僑之釋放，及難
胞戰俘之遣臺，併為我方在四國會議中所堅持
要求者，最後難胞、戰俘均獲遣臺。

丁、實施情形

一、李部撤退，共分三個階段：

    1. 第一階段，由四十二年 7/11-8/11，共撤出
二、二五八人（官四九七兵一、四三二，眷
三二九），槍砲二○○件，彈三三九發（均
已在大其力銷毀）。

    2. 第二階段由四十三年 2/14-3/19，共撤出
三、四七五人（官七九九，兵二、一六三，眷
五一三），槍砲八三三件，彈二八、六三○發，
刺刀二五六把。

    3. 第三階段由四十三年 5/1-5/7，共撤出八二二
人（官三五二，兵四五○，眷二○），槍砲
二六五件，彈一九、八○七發，刺刀七九把。

    4. 以上三個階段共撤出六、五五五人（官一、
六四八，兵四、○四五，眷八六二），槍砲

　　　　一、二九八，彈四八、七七六發，刺刀三三
　　　　五把，（以上官兵眷人數，係經四國委員會
　　　　核定有案者，抵臺後所整編之官兵人數，詳
　　　　編訓類。

　　二、被緬方拘禁之難胞一七七人，戰俘（原為李部官
　　　　兵）一七五人，亦均經分別於四十三年 4/18-
　　　　4/21 由緬甸遣臺。

　　三、李部官兵撤臺後，官長編為第十二軍官戰鬥
　　　　團（轄五個大隊），士兵編為三個步兵營（由
　　　　四十三年五月一日隸陸軍總部）。另有無法編
　　　　入部隊之少校以上人員二九〇人，臨時編為一
　　　　將校隊。又不能服役之幼年者二五七人，編為
　　　　一幼年兵連，均正在設法安置中，眷屬亦按規
　　　　定予以安置，至難胞則請大陸救災總會安置。

　　四、李部不聽勸導未撤臺者，尚有約四千人，目前
　　　　仍正由四國委員會商討如何續撤中，但預料事實
　　　　上，已無法續撤。

戊、所得成果

　　一、此次撤出計六千餘人，若連難胞、戰俘計，則
　　　　幾達七千人，槍砲一千二百九十八件，砲藥
　　　　四萬八千餘發。

　　二、在四十二年十一月間，我外交情勢極為惡劣，
　　　　即素對我友好國家態度，亦至不佳，但經撤退
　　　　結果，美方曾表示甚為滿意，外交形勢亦已好
　　　　轉，對緬甸控我侵略案，料可順利解決。

三十六、江浙海島游擊部隊作戰

甲、當時狀況

匪以一小部踞浙東濱海小島，主力沿海岸及交通線佈防，我游擊部隊則控制浙海漁山、披山及附近各島，並獲有制海權。

乙、立案著眼

確保現地，適時突擊牽制擾亂，以攻為守，相機發展匪後工作，激勵民心士氣。

丙、內容概要

以四十年七月之白溪登陸戰，四十二年五、六兩月之瀝洋及積谷山爭奪戰，規模較大。

丁、實施情形

一、白溪登陸戰

我一〇一路呂渭祥部三六五人，於四十年七月廿四日在樂清東北白溪登陸，先後與匪一〇三、一〇四兩師及第六軍分區民兵等各一部共約三、五〇〇人，轉戰樂清、黃岩、青田各縣間地區，除一部撤回外，餘於八月十一日後分散潛伏於青田以西地區。

二、大小鹿山及羊嶼爭奪戰

四十二年五月廿九日一九〇〇，步砲聯合之匪八〇〇人登陸大鹿山，與我守軍四二縱隊何卓權部及地方部隊共一八二人激戰四小時，因彈盡無援，何司令以下均壯烈犧牲，該島及小鹿山逐被匪攻佔，六月十九日夜我突襲一、四、五大隊，海上突襲總隊砲兵第三隊等，共

二、三四四人，在海軍第二艦隊掩護下，分向
羊嶼及大小鹿山之匪公安一七師第五〇團一部
突擊，激戰竟夜，於二十日晨及暮先後攻佔小
鹿山，羊嶼全島及大鹿山之一部，廿一日〇六
〇〇我以任務完成，安全返防。

三、積谷山爭奪戰

四十年六月廿四日一八〇〇，兵力不明之匪，
於砲火掩護下，登陸積谷山，我守軍第二軍官
戰鬥團第七中隊、第二中隊、砲兵大隊各一
部，共一一五人，利用現設工事及地形，堅強
抵抗，至六月廿五日〇二一五，因眾寡懸殊，
增援受阻，被匪攻陷。

戊、所得成果

一、除積谷山戰果未據報外，以上白溪及鹿山兩役
共俘匪 64 人，斃傷匪一、一〇〇餘人。

二、我軍士氣旺盛，戰志堅強，如協調支援密切，
固守及突襲，均無大困難。

三十七、改善浙閩海島游擊部隊待遇

甲、當時狀況

浙閩海島游擊部隊，原以自力更生為原則，嗣以共匪
加強封鎖大陸沿海，無法自給。

乙、立案著眼

基於事實需要，必須在財力可能範圍內逐步改善其
生活。

丙、內容概要

一、自四十三年度起，主、副食、被服薪餉完全比

照國軍給與標準補給。

二、裝具及各項加給，限於預算，無法籌辦。

丁、實施情形

一、自三十九年下半年度起，在國軍節餘物資內，視其需要，補助糧服。

二、四十一年五月份起，照實有人數發給主食、軍服。

三、四十二年四月份起，加發副食費二三元及煤鹽。

四、四十三年元月份起，比照國軍給與標準補給。

戊、所得成果

完全照預定計劃實施。

三十八、改善浙閩地區游擊部隊衛生業務

甲、當時狀況

浙閩海島游擊部隊，因受經費與器材限制，衛生業務未獲改善，傷病患者深以為苦。

乙、立案著眼

改進衛勤，使傷病患適時獲致治療，以維持部隊官兵健康，而維戰力。

丙、內容概要

確立醫療程序，劃分衛勤作業等級，建立並充實各游擊基地醫療機構之裝備與醫務人員。

丁、實施情形

本案計劃於四二年八月派軍醫署李之琳、本部周建平等二員，會同西方公司醫務人員，前往海島各游擊部隊實地考察，擬訂一般改進事項，並洽請西方公司支援，迄四二年十一月底，經西方公司允准負責解決海島游擊部隊消耗性藥物品之補給，至其他

各種改進辦法，經飭聯勤總部分別檢討釐訂辦法，並逐步付諸實施。

戊、所得成果

浙閩海島游擊部隊衛勤，正逐步改善中。

三十九、改善游擊部隊軍眷待遇

甲、當時狀況

游擊部隊眷屬，按四○年軍眷給與規定，除正副主官及派往大陸充當軍事聯絡專員之軍眷，獲得待遇外，其餘游擊幹部眷屬，均未能補給。

乙、立案著眼

四十三年度游擊部隊增加壹萬人經費案，呈奉行政院核定自元月份起，游擊部隊比照國軍待遇實施，則游擊眷屬亦應援國軍例納入補給。

丙、內容概要

一、在臺待申請之眷屬，現有大口三七○人，中口一二四人，小口一三三人，共計六二七人。

二、外島待申報眷屬，現有大陳軍官眷屬六四五人，金門軍官眷屬四○七人，白肯軍官眷屬一○六人。

丁、實施情形

一、在臺經申請核補眷屬，現有大口七八人，中口五○人，小口三五人。

二、外島經申請核補眷屬，現有金門軍官眷屬大口一六五人，中口六九人，小口八三人，白肯軍官眷屬大口三九人，中口一四人，小口二二人。

戊、所得成果

　　自游擊部隊幹部眷屬實施補給後，對安定軍心，鼓
　　勵士氣方面，實有作用。

四十、籌建游擊傘兵總隊營房

甲、當時狀況

　　游擊傘兵總隊原借住屏東營房，於四十一年九月間由
　　空軍收回後，即無居處，亟需另建訓練基地。

乙、立案著眼

　　為使該總隊獲得優良之訓練設備及安定之住處，俾
　　資加強整訓。

丙、內容概要

　　建有跳傘塔、跳架棚、烘傘房、摺傘房等教育設備及
　　營房，共計八十四座。

丁、實施情形

　　四十一年八月，奉令將陸軍傘兵總隊併編為游擊傘兵
　　總隊，經與西方公司負責人數度研商，嗣決定以龍潭
　　為訓練基地，籌建營房及教育設備，同年九月間簽奉
　　總統核准將該總隊特別經費黃金壹萬兩，移為建築
　　經費，乃將該項黃金向中央銀行抵押，得臺幣陸百
　　叄拾肆萬餘元，並即組織成功閣營建委員會，負責
　　辦理該項工程。

　　該工程分為二期著手，第一期為傘兵訓練設備，第二期
　　為營房，此兩期工程，經於四十二年七月十五日完成。

戊、所得成果

　　傘兵訓練設備及營房，已全部完成。

四十一、訂頒海島游擊部隊鹵（截）獲品處理辦法

　　甲、當時狀況

　　　　一、當時頒佈之游擊部隊鹵獲物資處理暫行規定，
　　　　　　條文過簡，獎金標準甚低，難期適用。

　　　　二、西方企業公司建議提高截獲物資獎金，以勵士氣。

　　乙、立案著眼

　　　　一、參酌當時補給狀況，與西方企業公司建議。

　　　　二、依據以前處理鹵（截）獲物資經驗。

　　丙、內容概要

　　　　一、詳細規定處理鹵（截）獲物資之程序。

　　　　二、除人員獎金參照海軍適用之截斷匪區海上交通
　　　　　　辦法規定外，另劃撥一部分為改善游擊部隊待
　　　　　　遇之用。

　　丁、實施情形

　　　　會同本部有關單位擬具海島游擊部隊鹵（截）獲品
　　　　處理辦法草案，呈奉行政院核准，頒飭遵照實施。

　　戊、所得成果

　　　　處理程序規定詳盡，獎金提高，鹵獲物資既可增
　　　　多，部隊生活亦可藉以改善。

四十二、增建大陸工作處倉庫

　　甲、當時狀況

　　　　西方公司援助物資日益增多，原向各方借用之大小
　　　　倉庫，不但過度分散，不易管理，且容量已滿，不
　　　　能分類存儲，應建設四千噸倉庫一所，以應急需。

　　乙、立案著眼

　　　　為爭取美援物資，增強吐納量，以使物資屯儲安全

便利。

丙、內容概要

建造鋁質倉庫一○棟，辦公室，宿舍各一棟（該項工程交經濟部台灣鋁廠代建），全部工程價款，經議定為一四八萬零三百十六元一角六分元。

丁、實施情形

於四十一年十二月決定於七堵附近覓地建造，四十二年洽交通部及鐵路局借撥七堵尾地基七千坪，三月四日會同有關單位與鋁廠開會議價，全部工程（鋁質倉庫一○棟，辦公室，宿舍各一棟）計一四八萬三百十六元一角六分，三月十八日生效，即日開工，六月一日竣工，六月十六日，廿四日先後舉行初驗及驗收，七月廿五日准審計部通知抽驗情形，其抽驗不合部份，於十月十二日准聯勤工程署通知，應扣四六五元四角八分，其全部工程價款計實發一四七萬元九千八百五○元六角八分，四十三年二月十日，函聯勤總部將修建倉庫飭屬接收，二月廿二日該部已令第一營管所接收。

戊、所得成果

建造工程尚符規定，並能如期竣工。

四十三、雲南總部空運補給

甲、當時狀況

雲南總部所屬部隊，因遭共匪及緬甸部隊之夾攻，械彈奇缺，部隊生存將陷絕境。

乙、立案著眼

在不引起國際糾紛之原則下，儘量祕密空運補給，

以維部隊生存。

丙、內容概要

四十二年四月二日，奉總統交下由空軍 B-24 機空投械彈，接濟雲南總部游擊部隊，經會同空軍總部、復興航空公司及雲南總部（駐台辦事處）研商，B-24 機性能關係，無法空投，改以復興公司之 PBY 機擔任，除呈總統外，並趕修 PBY 機兩架，從事空投。

丁、實施情形

四月二日開始趕修 PBY 機兩架，於四月廿四日開始空投，至八月廿七日止，共空運八架次。

戊、所得成果

空運實施後，士氣旺盛，戰力增強，邊區根據地日趨堅強。

四十四、與西方公司商議裝備游擊部隊

甲、當時狀況

四十年初，浙閩游擊部隊日漸擴大，為發展沿海游擊武力，在盡量擴充之原則下，向美國西方公司爭取大量之裝備，以強大游擊武力。

乙、立案著眼

爭取美援，充實浙閩沿海游擊部隊戰力，進而發展敵後武力。

丙、內容概要

浙閩之游擊部隊，凡經編訓之突擊大隊，均由美方負責換發美械武器，併供應彈藥，及保養所需材料等。

丁、實施情形

　　本計劃之實施，係自四十年三月開始，四十年裝訓
　　江浙三個大隊、福建二個大隊，四十一年裝訓江浙
　　二個大隊、福建二個大隊，四十二年裝訓江浙一個
　　大隊、福建三個大隊，另外換裝補充三個大隊，本
　　（四三）年度以浙閩地區裝備已近飽和，受員額限
　　制，僅就實際訓練情形補充，截至本（四三）年四
　　月份止，共計接收各式槍二二、三九三支，各式砲
　　九四四門，彈藥一七、○三四、六九○發（含損耗
　　補充數及空投內陸者一部）。

戊、所得成果

　　浙閩地區突擊大隊之裝訓補充，如期完成，對游擊
　　部隊之戰力，與以前相較，實不可同日而語。

四十五、游擊部隊武器之裝備

甲、當時狀況

　　海島游擊部隊，除編訓之突擊大隊已由美方供應裝
　　備外，其餘游擊部隊均由本部予以補充。

乙、立案著眼

　　充實游擊部隊裝備，以增強戰力。

丙、內容概要

　　就國軍換下之國日械，就各地區實際需要，酌情供
　　應步兵輕兵器及大砲。

丁、實施情形

　　自四○年度開始，截至本四三年四月份，對浙閩及
　　滇邊部隊之補充，計各式槍四、七九九支，各式砲
　　二五七門，彈藥六、五五五、六五三發。

　　戊、所得成果

　　　　游擊部隊戰力充實，海島防禦火力增強。

四十六、購置大型無線電機

　　甲、當時狀況

　　　　大陸工作處通信總台現有無線電機二部，不敷應用，亟需增發。

　　乙、立案著眼

　　　　為加強通信總台之通信工作，俾通信靈活迅速。

　　丙、內容概要

　　　　購發16F-14四百瓦特發報機一部，OR-88收報機一部。

　　丁、實施情形

　　　　由聯勤總部價撥16F-14發報機一部及OR-88收報機三部，除發報機已照撥外，收報機因該總部庫缺，乃委請中央信託局代為標買一部。

　　戊、所得成果

　　　　總台與各分台之聯絡時間，得順利增加。

四十七、與西方公司商議裝備游擊傘兵

　　甲、當時狀況

　　　　四十一年初，傘兵總隊因無法自軍援方案內獲取所需裝備，乃改向美國西方公司爭取，以充實傘兵武力。

　　乙、立案著眼

　　　　爭取傘兵裝備，充實戰力。

　　丙、內容概要

　　　　依照編訓情形，由美國西方公司協助充實其傘具、武器、通材等裝備。

丁、實施情形

　　本計劃自四十一年一月開始實施，迄本四三年四月份止，計接收各種主要裝備如下：人員傘三、四一三頂，裝備傘八、一二四頂，各式槍九九六枝，各式砲六八門，各式無線電機二九七部。

戊、所得成果

　　游擊傘兵總隊經一年來裝訓戰力大增。

四十八、大陸工作經費預算執行

甲、當時狀況

　　大陸工作處預財室至於四十二年五月一日成立，以前預算財務作業為該處四組主管，四十年及四十一年大陸工作經費核定為每年台幣六百萬元（每月五〇萬元），四十二年為適應大陸工作需要，增加為七六〇萬元，同年七月國家外匯率調整，奉分配外匯差額款二、五七三、三〇六元八角，故四十二年全年度經費為一〇、一七二、三〇六元八角，四十三年為配合會計年度，奉核定大陸工作經費四十三年上半年（四十三年一月一日至同年六月三十日）計台幣五、〇四九、五八七元四角，四十三年全年度（四十三年七月一日至四十四年六月三十日）經費預算仍按四十三年上半年預算額加倍編列概算表，送請立法院審議。

乙、立案著眼

　　大陸工作經費，係為配合發展匪後游擊武力，進行策反為著眼，遵照總統指示，以百分之七十用於內陸之原則，權將本費款區分為調查連絡、通訊、訓

　　　　練、策反、心戰、派遣、發展、獎恤等項目。

　丙、內容概要

　　　本經費科目，列有調查連絡費，通訊網經費，特種
　　　工作費，派遣補助費，特種獎恤金五項，俾資成立
　　　及維持國外國內連絡站，調查連絡員，加強通訊設
　　　施，貯製電機，訓練游擊幹部，輔導部隊之發展，
　　　進行心理作戰，策反匪軍反正，密切中美合作，獎
　　　恤傷亡有功人員。

　丁、實施情形

　　　大陸工作經費實施分配，除根據各案務組之工作進
　　　度外，亟求符合現行財務制度，在作業程序上，係
　　　經由預算局依據大陸工作處支用計劃，按月分配由
　　　本部總務局具領，負責現金之出納保管，大陸工作
　　　處預財室簽證憑單收支，計算由總務局根據大陸工
　　　作處列報情形編造。

　戊、所得成果

　　　一、大陸工作處預財室自成立以來，均能把握預算
　　　　　政策，配合工作計劃，達成工作要求。

　　　二、對大陸工作處派遣之站台及工作人員，均各視其
　　　　　地區之不同，合理核發經費，關於匪後或國外已
　　　　　立足發展工作人員之經常費，均能適時匯發。

四十九、四國會議經費墊款

　甲、當時狀況

　　　緬政府控訴李部侵略於聯合國，我政府遵照聯大決
　　　議，成立中、美、緬、泰四國委員會，進行調解，
　　　並勸導撤離，四十二年五月，該委員會成立，並於

曼谷舉行會議，我政府指派總長辦公室上校祕書衣復得為代表，並另派總統府中將參軍李文彬進行勸導撤離，先後計派遣衣復得等二十三員，關於我代表人員經費，先由大陸工作處墊發，另案報院請求追加預算。

乙、立案著眼

為使勸導撤離工作得順利進行，所需派遣人員經費，先由大陸工作處墊匯，另案請求追加預算。

丙、內容概要

凡我政府派遣人員所需經費，均暫以大陸工作經費墊匯為原則，所需費款，包括機票費、治裝費、旅費、特別費、輔助旅費及交際費等。

丁、實施情形

該代表團所需機票費、治裝費等，依據規定一次核發、旅費、補助旅費、特別費，按月計發，交際宴客費先行核定，檢據報銷，所有監督小組及勸導撤離人員旅費，均結匯曼谷，由衣代表轉發，按月彙報，截至本（四三）年五月底止，已先後墊付台幣部分九六二、○○○餘元，該項預算，雖屢請政院指撥專款，迄今未奉核定，為整理四十二年度帳項起見，除將該年度墊付款五九萬作正開支外，餘款三七萬餘元，仍列為四十二年度暫付款，本案行將終了，俟該批人員返台及行政院核定標準後，再行核結。

戊、所得成果

一、李彌部隊已在一年內順利分批撤離返台。

二、經費均能按月匯發，從未中斷。

五十、收購反共義士軍毯

　　甲、當時狀況

　　　　閩浙海島游擊部隊原無棉被、軍毯等之補給，一遇天
　　　　寒，難得溫暖。

　　乙、立案著眼

　　　　就財力所及，先予補給軍毯，嗣後逐漸改善。

　　丙、內容概要

　　　　修正四十三年度上半年大陸工作經費項目，籌款台幣
　　　　一百十萬餘元，作為購置游擊部隊軍毯之用，適反共
　　　　義士由韓國，攜帶美軍軍毯甚多，要求在市面出售，本
　　　　部為海島游擊部隊需要，並兼顧零星出售，違犯軍紀，
　　　　影響軍譽起見，乃決定收購配發海島游擊部隊應用。

　　丁、實施情形

　　　　由本部及聯勤總部主管單位，會同反共義士輔導處，
　　　　共同商議訂定價格，收購軍毯，計共收購一三、
　　　　四七二條，現存庫待發，其價款已撥交反共義士輔導
　　　　處轉發各反共義士領收。

　　戊、所得成果

　　　　一、免向國外採購，節省外匯。

　　　　二、收購價格合理，反共義士軍毯樂於出售，得以杜絕
　　　　　　流售市面，免損軍譽。

● 周至柔於國防部參謀總長職期調任主要政績（事業）交代報告－政工類－建立游擊政工（民國43年6月）

二十、建立游擊政工

　　甲、當時狀況

　　　　卅八年大陸形勢逆轉後，各省地方團隊及民間有志之士，紛紛從事游擊，抗拒朱毛暴政，旋以匪兵壓力加強，立足困難，除轉入地下潛伏者外，在東南與西南各省者，乃相繼轉進海島及中緬未定界，休養生息，繼續奮鬥；各部隊因過去份子複雜，政治認識不夠，普遍思想模糊，意志不堅，行動散漫，紀律廢弛，且互相磨擦及逃亡等情事，層出不窮，致力量分散抵消，難作有效使用。

　　乙、立案著眼

　　　　一、普遍建立政工機構。

　　　　二、實施宣傳教育，加強政治認識，統一部隊思想，堅定官兵信仰。

　　　　三、擴大政治號召，爭取民眾同情，發展游擊力量，鞏固游擊基地。

　　　　四、加強部隊組織，嚴密保防工作，鞏固部隊團結，發揮游擊效能。

　　丙、內容概要

　　　　一、訓練游擊政工幹部。

　　　　二、建立游擊政工機構。

　　　　三、推行游擊政治工作。

丁、實施情形

一、幹部訓練：在政工幹校內，設立游擊政工人員訓練班，甄選社會有志青年，予以有關知能訓練後，派遣部隊服務，前後舉辦四期，畢業人數計四○八員。又擬定訓練計劃，督導各總部，物色優秀人員，就地開辦政工講習班，講習及格後派用者計二○二員，暨選調保防監察軍聞幹部，予以專業訓練者，計三一員，總計六四一員。

二、機構建立：游擊部隊政工機構，茲均按照規定，普遍建立完成，計總部政治部三個，地區政治部四個，支（縱）隊政治處五個，大隊政治室一五個，中隊政治指導員室一二五個，政工隊一個，報社二個，共計一五五個單位。

三、政工實施：

1. 官兵組織：各部隊中隊以上單位，均已設立人事評判委員會，經理（伙食）委員會，生活檢討委員會，中山室工作委員會，多能按期開會，積極工作，頗奏實效。

2. 政治戰士：擬訂辦法，督導各總部選訓政治戰士一七○八員，（福建總部一○七五員，江浙總部六三三員）多能予以適當運用，在士兵中起示範作用。

3. 宣傳康樂：印發軍中宣傳書刊一四九、○○九冊，傳單標語一七、○○○、○○○份，設立游擊播音站四所，籌發康樂器材四、七九八件。

4. 政治教育：擬訂教育計劃，督導實施，並編

印政治教材三四、○○○冊，補助讀物《游擊
史話》、《游擊英雄故事》、《游擊連環畫》、《游
擊歌曲》等十集，分發閱讀。

5. 民眾組訓：擬訂辦法，督導組訓游擊區民眾並
已編入各種部隊者，計七、八八五人（江浙地區
六、一六三人，福建地區一、七二二人），多
能配合部隊作戰，並又著重爭取大陸漁民，以
為游擊力量，進入大陸之張本。

6. 救濟工作：沿海島嶼，連年災歉，除自行籌款
賑濟外，歷經洽請大陸救災總會及有關部會設
法救濟，藉以安定游擊區民心士氣。

7. 保密防諜：各部人事調查業已舉辦，保防網
亦經佈置，潛諜活動，大體絕跡。

8. 對敵工作：正積極進行中，以財力微薄，時間
短促，尚無顯著成效可言。

戊、所得效果

部隊官兵思想一致，信仰堅定，生活改善，紀律嚴
明，士氣旺盛，戰力日見加強，官兵關係軍民關係均
融洽無間，基地益臻鞏固。

二、游擊地區物資與經費給與

● **國防部電江浙總部修正報備「物資調節組組織辦法」及「物資管制暫行辦法」（民國41年1月22日）**

國防部總政治部[1] 會文大陸工作處文（民國41年1月4日）
江浙總部具報物資調節組組織辦法及物資管制暫行辦法，尚有未妥之處。擬指示修正原則，飭該部修正報備。如何？乞示。

（代電）（發文茂善字0039號）
受文者：江浙總部
一、台務字第0065號呈暨附件均悉。
二、所請成立物資調節組，應予照准，惟該項組織辦法暨物資管制暫行辦法，應稍加修正。茲核示如左：
　　（一）物資調節組組織辦法：
　　　　　1. 組以下按事實需要可分為總務、調節、統計三股。總務股增設會計一員，調查股無單獨設立必要，應與統計股合併編組。
　　　　　2. 全組人員以不超過十五人為原則。
　　　　　3. 轄區各島軍民服務分社，應由駐在地游擊政工人員會同地方機關遴員組成之。
　　（二）物資管制暫行辦法
　　　　　1. 該辦法應改為物資調節暫行辦法，以符實際。
　　　　　2. 營業執照應由當地行政機構辦理，物資調節組似

1　國防部總政治部主任蔣經國。

　　　　　無填發之必要。

　　　3. 配售物資，居民應憑身份證購買，各軍民團體應

　　　　　由各軍民服務分社憑申購文件辦理。

三、希即修正報備。

四、副本抄送經濟部、台灣省政府、本部大陸工作處暨第四廳。

　　　　　　　　　　　　　　參謀總長周至柔

● 福建省反共救國軍閩北地區司令部呈請俯賜轉請漁管處准予按期提前貸放並將漁產獲量統一運歸（民國 42 年 3 月 5 日）

（簽呈）（賢吉浚字第 0649 號）

來文機關：福建省反共救國軍閩北地區司令部

駐地：白肯島

受文者：主任蔣

　　查職防部白肯列島，浮海孤瀛，僻壤荒漱，土瘠民窮，商乏交通，工欠原料，農作物限於地質，無法生長，勢成墾無可種之荒島，民向唯以海為田，純靠漁產換取生活，年獲魚量，原稱豐富倘可不限於環境條件，匪特足可供應島民生活，並可供給台灣部隊副食，第自匪偽封鎖大陸，漁具需品魚季供糧來源斷絕，漁業日益凋零，職部困於經濟枯涸，扶植有心，力量不足，歷年僅就少數補助，每年配放貸款約在台幣貳拾餘萬元，已屬不堪荷重，而漁民所得用於漁需所收效果，祇可敷衍最低生活，對於生產運銷實無補益，職區列島位處閩疆前哨、距與大陸望在尺咫，為安定島民生活，爭取大陸民心，必先以扶植漁業為著手，茲擬具漁業貸款計劃及償還辦法，並附職部協助貸款數目表、白肯列島漁業概況表、白肯列島漁業需品統計表，各一份，呈請鈞核俯

賜轉請漁管處，准予按期提前貸放職部並擬統一管理漁產將獲量統一運歸。鈞部配售副食所得，換取漁民需品運返，俾得安定島民繁榮漁業至感公便，並乞賜予指覆。

職王調勳

附件一　白肯列島漁業貸款計劃及償還辦法

一、白肯列島民眾向以捕魚為主，當漁汛季節，直接參加工作者千餘人，此乃按現在情形言至，所有漁業概況及漁需品統計附另表，茲以每艘請貸台幣貳萬元計，需台幣玖拾陸萬元，以半數用於造修船隻，以半數添置漁網漁具，以及工人膳食之用，該款可以現金三分之一，實物可以三分之二貸予之。

二、小舢舨每艘造價約需台幣貳仟元，載重四噸之漁船，每艘造價台幣捌千元左右，漁網每張造價肆千元之則，因列島漁船漁具等，多已損壞在半數以上，今後為謀發展漁業，按表列數字，須再添半數以敷應用。

三、償還辦法，分別為三期，第一期在農曆十二月底，償還百分之三十，第二期次年三月底，償還百分之三十，第三期，七月底償還百分之四十，均以所產漁獲物，分期運赴台灣銷售變價償還。

四、附漁業概況表、漁需品統計表各一份。

附件二　白肯列島漁業概況表

區別	白肯區	西洋區	四礵區	浮鷹區	東湧區	岱山區	合計
漁民人數	252 人	260	192	171	72	70	1,037 人
現有漁船	14 艘	10	8	7	4	5	48
現有漁網數		480	120	336	104	70	1,474
大宗漁獲物數量　蝦皮	100 擔	3,200	900	2,000	0	0	6,400 擔
帶魚	2,000 擔	0	500	0	2,500	3,500	13,500 擔
價值（台幣）	900,000 元	510,000	170,000	440,000	50,000	350,000	2,620,000

備考：
一、內替網半數輪流使用。
二、漁獲物數量係按照旺淡季平均計算，內副綳三分之一。
說明：漁民人數係按副有實際工作者統計

附件三　白肯列島漁需品統計表

區別		白肯區	西洋區	四礵區	浮鷹區	東湧區	岱山區	合計
漁需品數量	竹	7,200 根	5,000	3,000	3,500	2,300	2,400	23,400
	篾	700 擔	1,000	350	700	220	220	3,190
	稻草	1,000 擔	800	400	560	350	330	3,440
	大麻	30 擔	50	30	35	12	10	167
	白苧	50 擔	60	25	42	18	16	211
	紅柴	28,000 擔	800	180	250	1,000	900	5,930
	茹榔	0	300	260	210	0	0	770
	鹽	3,000 擔	2,000	1,500	1,400	1,200	1,000	10,100
漁汛季節		農歷八月至三月止	農歷十月至六月止		農歷三月至七月止	農歷七月至三月止		

附件四　閩北地區司令部卅九年至四十一年度漁貸分配表

	39 年	40 年	41 年	合計
東沙島	56,000	64,000	76,400	196,400
西沙島	32,000	48,000	56,000	136,000
西洋島	56,000	80,000		136,000
北礵島	32,000	50,000	73,908	155,908
東湧島	14,000	24,000	36,000	74,000
浮鷹島	36,000	56,000		92,000
岱山島			14,500	14,500

備考：以台幣為單位

● 福建省反共救國軍閩北地區司令部為白肯等島米煤恐慌嚴重 懇請准予轉按月每人配售各三十市斤（民國42年3月5日）

（代電）（賢督堅字第0645號）

福建省反共救國軍閩北地區司令部

駐地：白肯島

受文者：國防部總政治部主任蔣

事由：電為白肯等島米煤恐慌嚴重，請准予轉按月每人配售各
　　　三十市斤，呈懇察核由

一、查大陸陷匪後，沿海人民不甘匪偽暴政，先後逃離鐵幕流散
　　白肯、西洋、四礵、浮鷹、東湧、岱山、烏坵等島暨原有住
　　民統計人口為九千五百五十九人，緣各島地瘠民貧，限於耕
　　地，多賴捕魚度生，糧食一節，極感恐慌。

二、四十一年度，奉配民食米僅自三月份起至七月份止計十一萬
　　八千三百零一市斤，尚不敷供給白肯島，其他各島未能普遍
　　配售，因無處購買糧米，斷炊絕食以海藻野菜充飢者比比皆
　　是，情殊可憫。

三、請察核准予轉請按照現有人口9,559，每人每月配售食米及
　　煤炭各三十市斤（各計二十八萬六千 七百七十斤）以救民
　　命為禱。

職王調勳

● 徐煦衡電呈國防部總政治部主任蔣經國判斷閩北匪情（民國 42 年 9 月 20 日）

（無線電）（中皓白政）

來電者：徐煦衡

密主任蔣：

（一）昌晶部申巧 12.45 電奉悉。

（二）閩北之匪仍為葉兵團之 28 軍與水兵師及公安十三師等部隊。自東山戰役後，敵即在沿海積極佈置，加強工事，嚴密防範我海上突擊，並力謀對閩浙近海航運安全，採取以大吃小奇襲登陸戰法，伺機攻佔我外圍諸島。

（三）加強心戰，以糧食小惠予島民，俾加強其半佔領島嶼（西浮、魁霜、岱冷等）政權之建立。

（四）穿著國軍制服以小舢舨試探登陸，捕捉我哨兵，以查訊虛實。

（五）判斷情況，敵目下似無大規模蠢動企圖。

謹復。

職徐煦衡

申皓白政印

呈閱。

總政治部第六組組長楊遇春

九、廿一

六組研究在我沿海游擊部隊活動區域民眾缺糧待救濟者若干人，設法向大陸救災總會洽商救濟。

■

九、廿一

◎ 國防部總政治部第六組呈報我沿海游擊部隊活動區域民糧調配
　　計劃（民國 42 年 9 月 23 日）

一、奉指示研究在我沿海游擊部隊活動區域，民眾缺糧待救濟
　　者若干人，設法向大陸救災總會洽商救濟等因。

二、查我沿海游擊部隊活動區域，關於民糧調配之計劃，計有
　　金門（福建總部在內）、大陳（大陳區各島）、馬祖（白肯
　　各島閩北地區司令部在內）、三地區，該等地區民糧調配數
　　量，經調節前方物資供應會報第八次會議，按照該等地區人
　　口數字，均核定有詳細數量，金門每月為三六九噸、大陳為
　　三三五噸、馬祖為一一八噸，如附經濟部代電附件（各地區
　　最高負責機構均在台設有辦事處經常聯繫）。

三、復查馬祖地區近據十八師政治部主任俞棫人，及本部視察組
　　長張振國自馬祖電報稱該地區民糧災情嚴重等由，已簽請飭
　　令馬祖物資供應社，迅速派員前往台省糧局洽運糧食米中，
　　並電傳大陳救災總會設法救濟矣，本件擬併案存查。當否？
　　乞核示。

總政治部第六組組長楊遇春
九月廿三

三、游擊部隊活動與整訓

● 浙東反共救國軍襲擊東陽縣匪軍（民國 39 年 5 月 27 日）

（中央日報中聯社香港二十六日電）

敵後消息：浙江東陽、義烏一帶游擊隊近來異常活躍。五月十三日，該地「反共救國軍」某部二百餘人，乘黑夜匪軍不備之際攻入東陽縣屬之青社鎮，將該鎮公所包圍，激戰後，卒為我軍攻入，匪軍全部就殲，計斃匪鎮長一人、指導員二人、農會主任一人、匪軍三十餘人，生擒匪幹四人、村長一人、匪軍十一人，繳獲輕機槍兩挺、步短槍四十餘支。該部於達成任務後，當夜從容撤退返防。

● 國防部第五廳第一組呈簽關於李彌請恢復 8A 番號研究經過及擬案（民國 39 年 12 月 16 日）

（簽呈）（十二月十六日於五廳一組）

關於李彌請恢復 8A 番號乙案，經遵批示於本（十二）月十二日召請政治部胡副主任及有關單位研討。謹呈研究經過及擬案如次。

（一）政治部胡副主任說明：留越國軍實力較強者為前 1CA 黃杰所部，及原 26A 彭佐熙部，而以彭部官兵訓練優良，極具報國熱忱。在滇緬泰邊境者，為李彌所率 26A 呂國銓部約兩仟餘人，但工作展開積極，頗能發展。因 26A 番號問題，致使彭、呂兩部互以宣傳技倆以求集結士兵增長實力，實應急予解決。並依其視察所得，留駐越緬泰滇境內之官兵，莫不激昂奮發，為把握此種熱情，並使從事游擊之部隊有所希望計，建議對游擊部隊番號之賦與，應酌

予放寬尺度。

（二）第三廳說明：李彌在滇緬泰邊境之工作展開，得力於呂
　　　國銓之襄助甚多，現已任呂為26A軍長，如再予變動，
　　　恐影響工作。又李彌報稱，原8A所部約近萬人散處於川
　　　黔滇邊境，正積極連絡中，故其請恢復8A番號一節，似
　　　予照准以便號召。

（三）第二廳以大陸游擊部隊業經統籌調整，其番號最高級者為
　　　路司令部，路下分為兩種，一則為縱隊支隊、大隊、中隊
　　　等之組織，一則為軍、師、團、營、連等之組織，故不宜
　　　再予變更。至正規（軍師）番號之賦予，仍應視部隊歷史
　　　關係與號召能力等適宜辦理。

（四）第一廳說明：對游擊部隊之人事，本部只核定其正、副
　　　主官及參謀長，其下則授權該部隊主官辦理。本部考核困
　　　難，為免人事紊亂，爾後處理困難，故游擊部隊賦予正規
　　　番號，應加考慮。

（五）研決事項

　　1. 游擊部隊人事方面：

　　　仍按現辦法，凡司令部以上之正副主官及參謀長由本
　　　部核定外，其以下之幹部，授權該主官辦理。

　　2. 游擊部隊使用番號方面：

　　　亦按現行辦法，凡地方反共武力從政府號召從事游擊
　　　者，視其力量大小賦予路或縱隊等番號。凡以過去部隊
　　　歷史關係，赴大陸集聚其原部散失之武力，以從事游擊
　　　者，或號召其被脅迫從匪之舊部反正，以從游擊工作
　　　者，視其可能發生之力量，分別賦予正規軍師番號（即
　　　用其原來有關番號）。

3. 對恢復 8A 番號及調整 26A 案，研訂兩案如左：

　　甲案：准恢復 8A 番號，暫轄 170D 一個師（經糧自籌）。

　　　　　本案可使李彌之工作推行順利，且在越部隊業經本部明令統一撤銷原有番號，統編為管訓處，彭佐熙部已編為第三管訓處，故 26A 之摩擦似無大礙，只將彭部內之招擾者調離即可。

　　乙案：26A 番號改為 8A，除轄原 93D、193D 兩師外，另增一個 170D 番號，仍似呂國銓為軍長。（經糧自籌）

　　　　　本案在解除呂、彭兩部之摩擦方面自屬有利，惟呂國銓與 8A 無歷史關係，對散失各地之前 8A 舊部是否能發生預期之號召能力，頗難逆料，且對呂國銓之心理，似亦不無影響。

第五項所研訂各項及甲、乙兩案是否有當？敬乞核示。

經與總長研究，照游擊隊規定再加一案，彙提總統核示。

上兩案希由洪廳長請示蕭次長修正之。

　　　　　　　　　　　　　　副參謀總長郭寄嶠

　　　　　　　　　　　　　　十二、廿一

◎ 國防部第五廳為研討大陸正規部隊番號與游擊部隊番號調整辦法開會通知單（民國 39 年 12 月 11 日）

（開會通知單）（卅九）堅城字第 1387 號

會議事由：為研討大陸正規部隊番號與游擊部隊番號調整辦法由

時間：十二月十二日（星期二）上午九時

地點：第五廳會議室

參加單位：第一廳　第二廳　第三廳

　　　　　（請主管組長及主管參謀同時出席）

　　　　　政治部胡副主任

召集人：第五廳

討論要項：

1. 大陸部隊應否賦予正規番號及賦予原則之確定。

2. 大陸上現有正規軍師番號之處理。（李彌、黃杰及羅活等部）

3. 游擊部隊番號應否統一及統一辦法之研討。

　　請隨帶有關討論資料準時出席為荷。

此致

◎ 國防部第五廳關於李彌請恢復 8A 番號一案擬定兩案呈核（民
　國 39 年 12 月 15 日）

（簽呈）（十二月十五日於五廳）

　　關於李彌請恢復 8A 番號一案，經遵照鈞示召集有關單位研
究，並擬定兩案如左：

甲案：准恢復 8A 番號，暫轄 170D 一個師。

　　　查恢復 8A 番號，頗能激勵士氣，號召青年，但對 26A 呂
　　　國銓部與在越南彭佐熙部之人事摩擦不能解決。

乙案：26A 撤銷，另賦予 8A 番號，轄 93D、193D、170D 三個師，
　　　以呂國銓為該軍軍長。

　　　查李彌在滇境之稍有成就，得力於呂國銓之處甚多，故以
　　　呂為該軍軍長為宜，且目前彭佐熙與 26A 之問題，可以
　　　解決。至李彌是否同意此案，尚屬疑問。

　　右兩案究以何案為宜，乞核示。

● 國防部大陸工作處兼處長鄭介民擬訂游擊指揮部編制表呈實（民國 40 年 3 月 1 日）

（簽呈）（四十年三月一日於國防部）

　　查為配合美方援助大陸游擊隊之指揮工作，前經協議成立游擊指揮部協同工作。茲美方援助游擊隊之武器暨人員均已陸續來台，前項游擊指揮部亟應成立展開工作，理合擬訂游擊指揮部編制表一份，隨文呈實，敬乞鑒核祇遵。謹呈（附呈游擊指揮部編制表一份）

參謀總長周

職鄭介民呈

附表：游擊指揮部編制表、游擊指揮部組織系統圖

組織過於龐大，應即減至最低數。

至柔

游擊指揮部組織系統圖

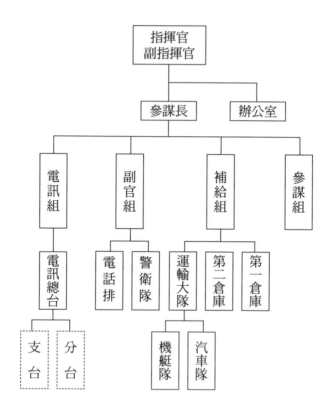

游擊指揮部官兵分階統計表

區分		單位					
		指揮部	辦公室	參謀組	補給組	總務組	小計
官佐	上將						
	中將	2					2
	少將	1	1	1	1		4
	上校		2	2		1	5
	中校		4	2	2	1	9
	少校		4	4	3	1	12
	上尉	1	2		1	2	6
	中尉		4				4
	少尉		2		1		3
	准尉						
小計		4	19	9	8	5	45
士兵	上士	3			2	4	9
	中士	2				1	3
	下士	3		1	1	2	7
	上等兵					7	7
	一等兵						
	二等兵						
小計		8		1	3	14	26
官兵合計		12	19	10	11	19	71

區分		單位			
		第一倉庫	第二倉庫	小計	合計
官佐	上將				
	中將				
	少將				
	上校				
	中校				
	少校	1			
	上尉	3			
	中尉				
	少尉				
	准尉				
小計		4			
士兵	上士	2			
	中士				
	下士				
	上等兵	11	11	22	29
	一等兵				
	二等兵				
小計		13	14	27	53
官兵合計		17	17	34	105

官兵人數統計表

區分／單位	官佐									
	中將	少將	上校	中校	少校	上尉	中尉	少尉	准尉	小計
指揮部	2	2				1			1	4
辦公室		1	2	3	3	2	4	2		17
參謀組		1	1	2	3					7
補給組		1		1	2	1		1		6
電訊組		1			1	2				4
副官組			1	1	3	2				7
小計	2	5	4	8	11	8	4	3		45
電訊總台			1	1	4	14	1			21
支台					6	6				12
分台						20				20
警衛隊						1	2	2	2	7
電話排						1	1			2
運輸大隊			1	1		4	1	2		9
汽車隊						1	1			2
機艇隊						10	30	40	30	110
第一倉庫					1	3				4
第二倉庫					1		2			3
小計			2	2	12	60	37	45	32	190
合計	2	5	6	10	23	68	41	48	32	235

區分／單位	士兵						
	上士	中士	下士	上等兵	一等兵	二等兵	小計
指揮部	3	2	1				6
辦公室							
參謀組							
補給組	2						2
電訊組							
副官組	3	6	1	14			24
小計	8	8	2	14			32
電訊總台	6			1	2		9
支台							
分台							
警衛隊	5	8	10	45	54		122
電話排	2	3		8	7		20
運輸大隊	3	1		3			7
汽車隊		8		10	1		
機艇隊	80	60	50	40	70	50	350
第一倉庫	2			11			13
第二倉庫	3			11			14
小計	101	80	60	129	134	50	554
合計	109	88	62	143	134	50	586

區分 單位	官兵合計	備考
指揮部	10	照准 至柔
辦公室	17	
參謀組	7	
補給組	8	
電訊組	4	
副官組	31	
小計	77	
電訊總台	30	緩
支台	12	以六個支台計算 緩
分台	20	以廿個分台計算 緩
警衛隊	129	緩
電話排	22	
運輸大隊	16	
汽車隊	19	
機艇隊	460	以十個艇計算
第一倉庫	17	可
第二倉庫	17	
小計	744	
合計	821	

附記：一、機艇隊電訊支台、分台砲船艇電訊器材撥到後專案呈請成立。

游擊指揮部編制表

職別	官佐		士兵		車輛	
	階級	員額	階級	名額	種類	數量
指揮官	中（少）將	1			小轎車	1
副指揮官	少（中）將	1			1/4 噸	1
參謀長	少（上校）將	1			1/4 噸	1
侍從軍官	中（上）尉	1				
衛士			中士	2		
			下士	3		
駕駛軍士			上（中）士	3		

辦公室

職別	官佐	
	階級	員額
主任	少（上校）將 軍簡二（三）階	1
祕書	軍簡三階	1
參謀	中校	1
翻譯官	軍簡三階	1
	軍薦一階	1
	軍薦二階	3
譯電員	軍薦二（一）階	1
	軍委一階	1
	軍委二階	2
書記	軍委一階	1
	軍委二階	1
打字員	軍委三（二）階	1
司書	軍委四（三）階	2

備考：
祕書內英文祕書一員
翻譯官應事實需要得按美員三譯員二之比例專案呈請增加額外譯員

參謀組

職別	官佐		士兵	
	階級	員額	階級	名額
組長	上（少將）校	1		
參謀	中（上）校	1 通信		
	少校	1		
組員	薦二（簡三）	1		
繪圖員	少校軍薦二階	1		
衛士			下士	1

補給組

職別	官佐		士兵	
	階級	員額	階級	名額
組長	上（少將）校 軍簡三（二）階	1		
組員	軍薦二階	1		
經理員	二等軍需正	1		
	一等軍需佐	1		
軍械員	少校	1		
技士	軍薦二（一）階	1		
技佐	軍委一階	1		
司書	軍委四（三）階	1		
軍需軍士			上士	1
軍械軍士			上士	1

電訊組

職別	官佐	
	階級	員額
組長	上（少將）校 軍簡三（二）階	1
技士	軍薦一（二）階	1
技佐	軍委一階	1
組員	軍委一階	1

備考：本組擬不專設其業務及人員劃歸參謀及補給組內

總務組

職別	官佐		士兵		車輛	
	階級	員額	階級	名額	種類	數量
組長	上校（軍簡三級）	1				
組員	中校（軍薦一階）	1				
事務員	少校（軍薦一階）	1				
	上（中）尉 軍委一（二）階	2				
文書軍士			上士	1		
補給軍士			上士	1		
駕駛軍士			上（中）士	2	1/4 噸吉甫	1
					3/4 噸吉甫	1
傳達士兵			中士	1		
			下士	1		
			上等兵	5		
炊事兵			下士	1		
			上等兵	2		

備考：傳達士兵兼服勤務

合計

官佐	士兵	車輛	
員額	名額	種類	數量
45	26	小轎車	1
		1/4 噸	3
		3/4 噸	1

游擊指揮部電訊總台（支、分台）編制表

分區	職別	官佐		士兵		車輛	
		階級	員額	階級	名額	種類	數量
總台	總台長	軍簡三（薦一）階	1			3/4噸	1
	報務主任	軍薦一（二）階	1				
	領班	軍薦二階	3				
	報務員	軍委一階	3				
		軍委二階	9				
	工務員	軍薦二（委一）階	1				
	技佐	軍委一階	1				
	事務員	軍委一（二）階	1				
	司書	軍委三階	1				
	技工			一、二級	2		
	文書軍士			上士	1		
	軍需軍士				1		
	駕駛軍士			中（上）士	1		
	傳達兵			中（上）士	1		
				上等	1		
				一等	1		
	炊事員			一等	1		
	小計		21		10	3/4噸	1
支台	台長	軍薦二（委一）階	1				
	報務員	軍委一（二）階	1				
分台	主任報務員	軍委一（二）階	1				

備考：支台配屬突擊大隊部，分台配屬突擊隊。

附註：支台、分台俟通訊器材到後即行成立。

警衛隊編列表

職別	官階		士兵	
	階級	員額	階級	名額
隊長	上尉			
副隊長	中尉			
分隊長	中尉	1		
	少尉	2		
特務長	准尉	1		
司書	軍委四階	1		
文書軍士			上士	1
軍需軍士				1
軍械軍士			中士	2
班長			上士	3
			中士	6
副班長			下士	9
機槍兵			上等	9
彈藥兵			一等	18
步槍兵			上等	27
			一等	36
號兵			上等	1
傳達兵			上等	2
炊事兵			下士	1
			上等	6
合計	7		122	

附記：隊以三個分隊編成第一、二分隊，擔任指揮部及倉庫警衛，
第三分隊擔任運輸防護。

電話排編制表

職別	官佐		士兵	
	階級	員額	階級	名額
排長	上（中）尉	1		
技佐	軍委二（三）階	1		
班長			中（上）士	2
副班長			下（中）士	2
通訊兵			上等兵	6
			一等兵	6
器材軍士			中士	1
傳達兵			上等	1
炊事兵			上等	1
			一等	1
合計	2		20	

附記：通信排以架設班、總機班各一組成立

運輸大隊部編制表

職別	官佐		士兵		車輛	
	階級	員額	階級	名額	種類	數量
大隊長	中（上）校	1			3/4 噸	1
副大隊長	少（中）校	1				
押運員	上（中）尉	4				
副官	中（少）尉	1				
司書	軍委四（三階）	1				
器材員	少（中）尉	1				
文書軍士				1		
補給軍士			上士	1		
器材軍士				1		
駕駛軍士			中士	1		
傳達兵			上等兵	2		
炊事			上等兵	1		
合計		9		7	3/4 噸	1

運輸大隊汽車隊編制表

職別	官階		士兵	
	階級	員額	階級	名額
隊長	上尉	1		
技術員	軍委二（三）階	1		
技士			一（二）級	2
器材軍士			上（中）士	1
駕駛軍士			下（中）士	8
駕駛兵			上等兵	8
傳達兵			上等兵	1
炊事兵			上等	1
			一等	1
合計		2		22

備考：五噸卡車八輛

運輸大隊機艇隊（200-300 噸位）編制表

職別	官階	
	階級	員額
艇長	上尉	1
副長	中尉	1
輪機長	中尉	1
槍砲員	少尉	1
輪機員	少尉	1
通訊員	少尉	1
軍醫	二（三）軍醫醫佐	1
電務員	軍委三階	1
機艦副軍士長	准尉	1
輪機副軍士長	准尉	1
電機副軍士長	准尉	1
合計	11	

職別	士兵	
	階級	名額
航務軍士	上士	1
	中士	1
	下士	1
航艦軍士	上士	1
	中士	1
槍砲軍士	上士	1
	中士	1
	下士	1
輪機軍士	上士	1
	中士	1
	下士	1
電機軍士	上士	1
	中士	1
信號軍士	下士	1
軍需軍士	上士	1
文書軍士	上士	1
航海兵	上等兵	3
	一等兵	4
	二等兵	4
炊事兵	上等兵	1
	一等兵	1
	二等兵	1
公役	五（一等兵）等	2
合計	35	

附記：機艇隊俟船艇撥到後即行成立。

第一、二倉庫（儲藏危險性物品）（儲藏糧、秣械彈）編制表

區分	職別	官佐		士兵	
		階級	員額	階級	名額
第一分庫	庫長	少（上尉）校 軍薦二階、委一階	1		
	庫員	軍委一（二）階	2		
	技術員	軍委一階	1		
	文書			上士	1
	補給軍士			上士	1
	庫兵			上等	10
	炊事兵			上等	1
	小計				13
第二分庫	庫長	上（少校）尉	1		
	庫員	少（中尉）尉 軍委三（二）階			
	軍械軍士			上士	1
	文書軍士			上士	1
	補給軍士			上士	1
	庫兵			上等	10
	炊事兵			上等	1
	小計		3		14
合計		7		27	

● **國防部密電大陸工作處鄭兼處長核頒游擊指揮部編制（民國 40 年 3 月 9 日）**

（代電）（40）綱經字第 193 號

受文者：大陸工作處鄭兼處長親密啟

一、四十年三月一日，簽呈及附表均悉。

二、茲核頒游擊指揮部編制如附表，其所需之勤務部隊應先行調配使用，暫緩專設。

三、希遵照並將組成日期具報。

四、本件抄副本及編制密送第一、四廳廳長，預算局局長及聯勤總部黃總司令。

◎ 國防部第五廳關於游擊指揮部編制應即減至最低數一案簽擬呈核（民國 40 年 3 月 8 日）

一、案由：游擊指揮部編制奉批「組織過於龐大應即減至最低數」案，簽擬呈核由。

二、說明：

（一）辦公室、參謀組、補給組，擬准照設。

（二）辦公室之性質與美制之副官組相同，擬將副官組改稱為總務組，專管事務，管理人事及一般行政之人員及業務劃歸辦公室掌理。

（三）電訊組似無專設必要，其業務及人員擬劃歸參謀及補給組，可否乞示。

（四）官佐員額擬照原擬 45 員，不予減少。至職稱、階級、車輛與士兵配額均照一般標準審核，簽註如編制內浮簽。

（五）各附屬單位擬遵照批示除第一、二倉庫照設外，餘均緩擬。

（以上已面報次長鄭同意。懋祥。三，八）

三、右擬是否可行？謹連稿乞核示！

● 國防部第二廳廳長賴名湯擬辦何益三請委楊勇為西南反共救國軍總司令案（民國 41 年 4 月 25 日）

（簽呈）

事由：謹將何益三為偽貴州省主席楊勇請委一案簽請鑒核由

　　　據何益三報稱：「偽貴州省主席楊勇，經呂正操之聯絡策動，已決心起義反正，唯楊勇請求：一、由參加此項運動之人員二人，保證不向共匪出賣。二、將來成功後應許其保有如劉匪伯承目前之地位。現楊勇已接受呂正操、陳銳霆、王明順等之保證，擬請鈞座核予相當名義之委令，以取信於對方」。

（註：呂正操、陳銳霆、王明順前均經鈞座賜發委令有案。）

擬辦：

一、查楊勇，湖南人，現年四十六歲，抗大第一期畢業，現任偽西南軍委會委員、偽貴州省主席及匪軍第二野戰軍第五兵團司令員。抗戰期間，曾一度被匪認為不健全之幹部，長期任副職，其個性急躁、傲慢，好大喜功。

二、共匪竊踞大陸，盡失人心，而其內部派系傾軋激烈，彼此水火不容。楊匪目前縱無反毛之跡象，但其將來為求自保，而待機起義反正，亦有可能。為利用共匪內在矛盾，積極鼓勵投誠起見，似可加委。

三、擬辦

　　1. 擬准發給楊勇「西南反共救國軍總司令委令乙紙」。

　　2. 如准發給委令，擬用府衛信紙繕寫，謹請鈞座簽名。為保持機密，不蓋用府印。

　　3. 右擬當否？敬乞核示。

　　　　　　　　　　　　　職第二廳廳長賴名湯呈

　　　　　　　　　　　　　四十一年四月二十五日

照辦。

蔣中正印

五、六

● 毛人鳳擬辦令派馬良為中華反共救國軍一〇三路司令案（民國 41 年 5 月 7 日）

（簽呈）

事由：為擬請令派馬良為中華反共救國軍一〇三路司令乞核示由

一、前為激勵蘇永和等協助傅司令秉勳加強反共、擴展川康甘青邊區對匪游擊力量起見，經於本年二月廿四日以祕發字第七七〇號報告簽奉鈞座，令派蘇永和為川康邊區守備司令、華爾功成烈為川青邊區守備司令、黃正清為甘青邊區守備司令、馬元祥為華中反共救國軍一〇二路司令，並蒙鈞座親函傅秉勳、蘇永和予以嘉勉。嗣因上次空投地點錯誤，前項文件落入匪手，經職面報鈞座，一面將上項文件改由電台發交傅秉勳譯轉在卷。

二、茲將傅司令秉勳前派陳理權同志去甘青一帶聯絡，經與現在甘青邊區草地睦木剎格爾地方之馬良一部取得聯絡。（按馬良係馬步芳之堂叔，辦理民團多年，號召力頗強，現有武裝部隊二千餘人。）馬良並派有代表馬碩卿、馬德福二名，隨同傅部聯絡員陳理權到達黑水傅部，謀與中央取得聯絡。經傅司令秉勳派報務員一人，並規定電台聯絡符號，先隨馬碩卿返防，馬德福一名，仍留黑水等候空投補給及政府命令後再行返防。現已商同西方公司決定，即於最近實施第二次空投，美方除供給各項工作器材及械彈外，並允發給傅部黃金

壹百伍拾兩，以為發展游擊工作之經費。

三、前奉鈞座頒發蘇永和等之派令及手諭，均經本局拍成照片，擬趁此次空投時，即將照片帶往外，擬請鈞座賜准加派馬良為中華反共救國軍第一〇三路司令，以便一併帶往發交馬良代表馬德福轉給祗領。

四、謹請鑒核示遵。

照辦。

中正

中華民國四十壹年五月九日

● 國防部大陸工作處核准韓江第一縱隊司令蘇銳淞出入境（民國 41 年 6 月 28 日）

一、粵東總部迪孟字 1165 號代電，為韓江第一縱隊司令蘇銳淞赴港處理順益船糾紛，請准發出入境證及旅費。

二、說明：

　　1. 蘇銳淞於四〇年五月租用成益船務行順益船在港轉租案，經由本部總政治部軍法局、大陸工作處派員會同船主林春山及蘇司令等予以調解，並經該雙方同意，即同往香港交涉收回，且經本處以還迎字 1147 號代電轉飭蘇司令及成益船務行遵照在案。

　　2. 惟查該項協議，係蘇司令與船主林春山議訂，而本部各單位所派調解人員，係本處臨時通知，未經正式派定或先行簽准，故其代表權亦成疑問。

三、除蘇銳淞申請發給旅費不予受理外，該員應否准予辦理赴港往返出入境手續，乞核示！

可准其出入境。

介民

六、廿三

◎ 粵東反共救國軍總指揮張炎元申請韓江第一縱隊司令蘇銳淞赴
　 港出入境（民國 41 年 6 月 28 日）

（通知單）（41）俞境字第 453 號

國軍軍職人員由港澳（國外）出入境審核通知單

案由：粵東反共救國軍總指揮張炎元申請韓江第一縱隊司令蘇
　　　銳淞赴港出入境。

右案業經呈奉總長核定。

准予發給出入境證

右通知保安司令部

國防部第一廳啟

41 年 6 月 28 日

● **令派王汝舟、丁俊、張善為反共救國軍第十八、十九、二十
　 縱隊司令（民國 41 年 7 月 11 日）**

茲派王汝舟、丁俊、張善為反共救國軍第十八、十九、二十縱隊
司令。此令。

總統蔣中正

中華民國四十一年七月十一日

◎ 賴名湯擬辦何益三請委王汝舟、丁俊、張善為反共救國軍第
十八、十九、二十縱隊司令案（民國 41 年 6 月 20 日）

（簽呈）

事由：謹將何益三為匪冀東軍分區司令員王汝舟等三員請委一案
　　　簽請核示由

　　　據何益三報稱，匪冀東軍分區司令員王汝舟、匪魯西軍分區
司令員丁俊及偽山東第六區行政專員張善等三員，經趙甫宸等之
聯絡策動，已決心起義反正。擬請鈞座核予相當名義之委令，以
取信於對方。

擬辦：

一、查所報王員等匪偽職務，與我前在大陸行政督察專員之地位
　　相似，其所轄之公安部隊或民團約有一萬人左右。

二、為積極鼓勵投誠及表示政府對何案之信任起見，似可分別
　　給委。

三、擬辦：

　　1. 擬准發給王汝舟反共救國軍第十八縱隊司令、丁俊反共
　　　救國軍第十九縱隊司令及張善反共救國軍第二十縱隊司
　　　令等委令各乙紙。

　　2. 如准發給委令，擬用府銜信紙繕寫。請鈞座簽名。

　　3. 右擬當否？謹請核示。

職第二廳廳長賴名湯呈

四十一年六月二十日

如擬。

中正

中華民國四十壹年七月拾日

● 國防部參謀總長周至柔呈覆將馬祖第十三師調台與陸軍傘兵總隊合編為空降師研辦意見（民國41年7月24日）

事由：

一、奉鈞座指示：「研究將馬祖第十三師調台與陸軍傘兵總隊合編為空降師」等因。

二、遵將研辦意見呈覆如次：

1. 陸軍傘兵總隊，前因蔡斯將軍將其劃出軍援範圍之外，無法獲得裝備。奉准與西方公司接洽，編併於游擊傘兵總隊。該公司最近始接到華盛頓復電接受此案，預定先裝備一千人，但該總隊全體官兵可同時訓練，其詳情容另案呈報。

2. 馬祖地位重要，第十三師調台，其接防部隊至少須兩個加強步兵團方可期其固守。目前台灣各部隊正進行整編，除戰鬥團外，正規部隊難以抽調。金門地區兵力雖尚雄厚，但如抽調兩個團。亦有困難，經擬案如左：

   甲案：由台灣抽調一個戰鬥團，金門抽調一個加強步兵團（步兵一團附礮工兵各一連為基幹），接替第十三師防務，由戰鬥團長兼任馬祖守備區指揮官，馬祖守備區自實施換防之日起，改歸金門胡司令官指揮。

   乙案：由台灣抽調兩個戰鬥團，接替第十三師防務，並指定一資深之團長兼任馬祖守備區指揮官，但馬祖守備區序列不變，仍歸台防總部指揮。

   以上兩案實行均無困難，惟第十三師因未列入軍援案內，來台後不能獲得裝備，又營房亦成問題，雖東部因部隊減少，尚有空餘營房，但均散在第一線。此次第五十四軍整

編，因集中編訓關係，尚差一個半團之營房，臨時須借住學校。

3. 依上情形，如仍將十三師與陸軍傘兵總隊合編，勢必推翻與西方公司商洽所得之成案，爾後更難獲得傘兵裝備。因顧問團既已將傘兵劃出軍援範圍之外，而西方公司又不能對師番號之正規部隊作任何援助也。倘不與陸軍傘兵總隊合併，則該師調台後，對陸軍裝備在短期內，亦難獲得，因五二、五三軍援均祇列台灣地區內之十個軍二十一個師，並無十三師在內。又兵員方面暫時亦無法補充，該師在台祇能暫維現狀。美顧問或將要求取銷該師，用以撥補整編軍師之缺額，反不如仍駐馬祖，俟留越國軍回台後撥補充實，較為有利。

三、根據上述，第十三師似以暫不調台為宜，如必須調台，應以何案為宜？恭請鑒核謹呈總統。

職周至柔呈

四十年七月二十四日

原件呈核：

一、查空降師係由傘兵部隊及滑翔部隊編成，兩者人數之比約為 1：2。美、蘇各國空降師概為 12,000 人，即傘兵部隊 4,000 人，滑翔部隊 8,000 人。現我傘兵總隊實有官兵 3,556 人（官 613，兵 2,943）人；十三師實有官兵 5,647（官 1,264，兵 4,383）人，故在兵員上相差無幾，兩者似可合編為空降師。

二、西方公司已允先裝備我傘兵總隊一千人，其餘人員亦可同時訓練，惟我若改編為空降師後，西方公司是否因其立場不便遂行此任務，或竟推翻其成案，此點似須先與研商較妥。

三、空降師需運輸機、滑翔機及其他附帶裝具，如無外援則不易
　　編成、訓練，且其經常維持費亦較龐大，此點亦須與美顧問
　　團洽商。

四、十三師調台後，其防務擬如國防部所簽甲案辦理。另為增
　　強金門兵力，擬再由台灣調一個戰鬥團開金門，歸胡司令官指
　　揮，俾馬祖、金門防務均能兼顧。

擬辦：擬飭國防部先分別與西方公司及美顧問團洽商後，再行
　　　編組。

職桂永清呈

七月廿六日

13D 應調台，可照所簽甲案辦理，餘俟到台後再議。命胡司令官
璉來台北一晤。

蔣中正印

七、卅

● 蔣中正密電金門司令官胡璉即來台北一晤（民國41年7月30日）

密急金門胡司令官勳鑒：

盼即來台北一晤。

蔣中正

午卅克光

● 蔣中正電復國防部參謀總長周至柔十三師應調台可照所簽甲案辦理（民國 41 年 7 月 30 日）

（代電）

國防部周總長勳鑒：

七月廿四日捷揮字 260 號呈為研究十三師調台與陸軍傘兵總隊合編為空降師一案悉。十三師應調台，可照所簽甲案辦理，餘俟到台後再議。並已電胡司令官來台北一晤。

蔣中正

午卅克光

● 國防部參謀總長周至柔呈報目前馬祖調防似非所宜（民國 41 年 8 月 7 日）

事由：

一、七月三十日克光字第一九四六號代電奉悉，自當遵辦。

二、唯關於第十三師調台，由台抽調一個戰鬥團、金門抽調一個加強步兵團接防馬祖之換防時機及辦法，經會同胡司令官等詳加研究，僉以馬祖當面之匪經常配置可載運一個軍之船舶，隨時有竄犯馬祖之可能。七月二十四日以來，三都澳匪軍即已蠢動，並先後竄陷我馬祖外圍之大西洋、浮陰兩島後，又竄陷北霜島。目前調防，似非所宜。擬俟本（四十一）年十月以後，台灣海峽進入東北季候風季，匪渡犯公算較小時期，實施換防，較屬妥善。當否？恭請鑒核，謹呈總統。

職周至柔呈

四十一年八月七日

原件呈核：

一、查周總長前簽呈為遵鈞座指示，研究十三師與傘兵總隊合編空降師一案，略以十三師如必須調台，其接防事宜謹擬具甲、乙兩案，敬乞核示，經於 7/30 呈奉鈞批「13D 應調台，可照所簽甲案辦理，餘俟調台後再議」等因，經轉飭。茲據復如本件（按甲案所簽係由台灣抽調一個戰鬥團、金門一個加強步兵團，接替十三師防務，並改歸金門胡司令官指揮）。

二、大西洋、浮陰兩島位於馬祖北約十七浬，北霜島約廿五浬，分別於 7/27、8/3 被匪竄陷。謹註。

擬辦：所呈屬實，擬准如擬辦理。

職桂永清呈

八月八日

可。

蔣中正印

八、九

● **蔣中正電復國防部參謀總長周至柔十三師調防准如擬辦理（民國 41 年 8 月 9 日）**

國防部周總長勛鑒：

八月七日（41）捷揮字第 275 號簽呈為十三師調防一案，悉。准如擬辦理。

蔣中正

未佳克坤

● **國防部參謀總長周至柔擬呈傘兵部隊整編辦法（民國 41 年 9 月 10 日）**

事由：

一、前奉鈞座指示將陸軍第十三師與陸軍傘兵總隊合編為傘兵師或空軍陸戰師一案，經由本部大陸工作處向西方公司提出，並於八月十八日由該處與西方企業公司負責人杜蘭義等開會，就編組、訓練、補給、行動等逐項討論後獲致決議。謹呈如次：

（1）編組：西方企業公司已同意將陸軍第十三師與陸軍傘兵總隊合編為游擊傘兵總隊，原游擊傘兵總隊亦合編在內。（因西方企業公司以援助游擊隊為對象，故改編後仍用游擊傘兵總隊名義）人數以一萬人為限，惟目前暫先供給一千人之傘兵裝備及訓練三千六百人（陸軍傘兵總隊全部），至其餘部隊（陸軍第十三師）之裝訓，須視上述三千六百人訓練及作戰之成效而定。

（2）訓練：首批三千六百人之訓練分為兩期實施，每期三個月，第一期訓練第一大隊，訓練完成後即開始作戰行動，並繼續訓練第二期之第二、三大隊。在龍潭基地營房及訓練設備未完成前，先在屏東恢復訓練。

（3）補給：西方企業公司暫先供給一千人之傘兵裝備、械彈、通材、醫藥及倉庫等，至龍潭基地營舍及訓練設備等建造費用，則由我方負責。

（4）行動：由西方企業公司及大陸工作處成立聯合作戰組，負責策劃作戰事宜，並呈准後執行。

二、按照訓練計劃之進度計算，陸軍第十三師之參加傘兵訓練，

最少須在半年以後方能開始。茲擬先將陸軍傘兵總隊與原游擊傘兵總隊合編為游擊傘兵總隊，至第十三師之改編，擬按裝訓順序爾後再行辦理。

三、原游擊傘兵總隊官兵，均係由國軍部隊中調用，茲以改編關係，該等官兵擬改列為國軍員額，以求劃一。

四、陸軍第十三師及陸軍傘兵總隊改編後，擬仍保留員額，其所有經費亦擬照撥，俾作改編後游擊傘兵人員薪餉主副食等費用。至於龍潭訓練基地之一切建築設備，則擬以前奉鈞座核准之專款（黃金一萬兩）移作工程費用，以符西方企業公司之要求。

五、謹附呈游擊傘兵會議紀錄一份併乞核示。

謹呈總統

職周至柔呈

四十一年九月十日

◎　游擊傘兵會議紀錄（民國 41 年 8 月 18 日）

時間：一九五二年八月十八日上午九時半至十一時
　　　十五分

地點：北投大陸工作處聯絡組會議室

出席人員：西方企業公司：杜蘭義、摩　爾、樂　克
　　　　　　　　　　　　柯茲摩、柯樂伯

　　　　　大陸工作處：　鄭介民、葉翔之
　　　　　　　　　　　　羅果為、楊　侃

　　　　　游擊傘兵總隊：顧葆裕、劉篤行、朱鴻選

翻譯官：程義寬、阮幻志

討論事項

（一）關於游擊傘兵總隊之編組問題案

決議：

一、遵照總統指示將陸軍第十三師與陸軍傘兵總隊合編為游擊傘
　　兵總隊，保留原有之員額及經費，其人數以一萬人為限，但
　　須志願參加傘兵並經體格檢驗決定之。

二、游擊傘兵總隊部編制，暫仍照陸軍傘兵總隊部編制，但其
　　所屬營之編制裝備表，由西方公司提供意見，由大陸工作處
　　呈報國防部核定之。（浮簽註：按現行陸軍傘兵總隊編制，
　　總隊部下轄砲兵大隊一，步兵大隊三（官兵約八五〇人。另
　　直轄警衛、搜索、無後座砲、通信、運輸中隊各一，衛生隊
　　一。謹註）

三、以龍潭為游擊傘兵總隊之基地，目前先建造三千六百人所
　　需之營舍及設備。爾後再在龍潭或其他地點增建至能容納一
　　萬人（含三千六百人）之營舍及設備。

（二）關於游擊傘兵總隊之訓練案

決議：

一、分批訓練計劃應包括全部三千六百名（陸軍傘兵總隊），其
　　餘六千五百名之訓練，將視作戰之成效，西方公司董事會所
　　批准之額外裝備，以及大陸工作處或國防部供應額外之房舍
　　及其他設備而定。

二、龍潭區營房及設備等未完成前，先自九月十日起在屏東恢復
　　訓練。

三、其餘照西方公司所提關於訓練之預定計劃，如附件一。

　　（註：附件一摘要：一、傘兵以完成五次一般性跳傘為合

格，並於出發作戰前完成三次戰術性跳傘訓練。二、首批
三千六百人訓練，分兩期實施，每期三個月，第一期訓練第
一大隊，訓練完成後，即開始作戰行動，並繼續第二期之第
二、三大隊。三、在龍潭基地未整備完成前，先在屏東恢復
訓練，原計劃存備調閱。謹註。）

（三）關於游擊傘兵總隊之補給問題案

決議：

一、按照西方企業公司所提關於補給方面，由大陸工作處及西方
　　企業公司分擔之項目修正如附件二。

　　（註：附件二摘要：一、西方企業公司先供給一千人之傘兵
　　裝備、械彈、通材、醫藥、汽油、倉庫、譯員薪金及緊急
　　用之發電機。二、我方負擔營舍及基地訓練設備建築費、官
　　兵薪津、主副食、被服，並供給訓練或行動所需之 C-46、
　　C-47 運輸機。原件存備調閱。謹註。）

二、關於營地之設備，應立即由顧總隊長與樂克會同聯勤總部工
　　程署予以估價，著手建造。

三、上項營地設備之費用，應即以總統核准之游擊傘兵特別經費
　　黃金一萬兩（約折合新台幣七百餘萬元）撥充之。

（四）關於游擊傘兵之行動問題案

決議：照西方企業公司所提意見辦理。附件三。

　　（註：附件三摘要：一、由西方公司及大陸工作處成立
　　聯合作戰組，負責策劃作戰事宜，並呈准後執行。二、
　　戰鬥地區與基地之通信，直接與西方公司及大陸工作處之
　　聯合電台連繫，空中補給由雙方協同及核准後空投。原件

存備調閱。謹註。）

（五）關於本會議決議事項應如何辦理案

決議：

一、由大陸工作處與西方企業公司雙方校正之，備中、英本各一件。

二、由鄭介民將軍呈報總長轉報總統核備，並作為今後雙方對本
　　問題處理之原則。

附件一　游擊傘兵總隊之訓練

（一）一俟龍潭之訓練設備完成，傘兵須完成五次一般性跳傘為
　　　合格，並於出發作戰前至少應完成三次戰術性跳傘訓練，
　　　不合要求之官兵，得隨時調離該總隊。

（二）預定游擊傘兵總隊訓練及調動之日程如次：

　　　訓練開始日前四十五日（約為九月一日）—開始建築龍
　　　潭區倉庫房舍及訓練設備。

　　　訓練開始日前三十五日—憲兵連進駐龍潭。

　　　訓練開始日前三十日—由屏東派一營進駐龍潭。

　　　訓練開始日（約為十月十五日）—開始訓練第一營（全
　　　期三個月）。

　　　訓練開始日後一二〇日內—第一營全部之訓練，計劃及行
　　　動之部署。

　　　訓練開始日起一二〇日後—龍潭區全部建築完成，傘兵總隊
　　　全部移駐龍潭。

　　　首批三、六〇〇人訓練完成時，如再有部隊調駐龍潭訓
　　　練，則裝備、房舍等必須及早請求增加。

　　　訓練開始後第一二〇日—第二一〇日，繼續實施第一營

作戰行動及第二、三營之訓練。

訓練開始後第二一○日─獲得裝備等之增加時，再接受
三、六○○人以外傘兵部隊之訓練。

附件二　游擊傘兵總隊之補給

（一）西方企業公司供給

一、倉庫七座（活動房屋二幢，日式房屋五幢），另日式房
　　屋房屋一幢。及上述房屋之衛生電話設施與抽水機，
　　以作儲藏、摺傘、烘傘、醫院、辦公、保養及美方人
　　員營舍之用。

二、帳篷一部。

三、暫先供給一千人之傘兵裝備、武器及彈藥，除爆破器
　　材及彈藥另行增加外，均可移作訓練首批三千六百
　　人之用。

四、一千名訓練及作戰用之充份通訊器材。

五、藥品、醫藥、器材及化驗器具。

六、償還或歸還因訓練或行動上所耗飛機油料。

七、運動器具。

八、已獲准之譯員及文職人員之薪金。

九、訓練設備所需之鐵件及長木桿等。

十、西方企業公司供給八幢倉庫之水管，並在償還之原
　　則下協助大陸工作處採購其他一切水管。

十一、緊急用之發電機。

（二）大陸工作處之責任及負擔

一、上述八幢房屋地基及建築費用及儲水塔水井之建造。

二、全部營房之建造及現有營舍之整修。

三、醫院內部設備。

四、營區內訓練設備，必要道路及停車場之構築。

五、營區內全部電燈線路及跑道兩側標燈之裝置。

六、娛樂及運動場所設備之建築。

七、龍潭機場之現有空軍飛機、空軍及警衛人員，均應洽請撤離，機場予以關閉。

八、洽請空軍總部撥 C-47 運輸機一架，永久派給游擊傘兵總隊使用，大規模之戰術跳傘訓練或行動時，並應洽請空軍總部供給充分之 C-46、C-47 運輸機。

九、對西方公司工作人員每人派給譯員一員（現共需九員）。

十、游擊傘兵總隊官兵之薪津、副食、被服及辦公費。

十一、龍潭房舍設備建築完成後，即將陸軍傘兵總隊現存之裝具器材移駐龍潭，並儘量利用。

十二、西方公司現存沖繩之傘兵裝備，應洽請逕以民航隊飛機空運龍潭卸載，以資便捷。

十三、西方公司現儲備基隆之倉庫材料器材，應洽請轉運工具以便運赴龍潭建造。

十四、供給八幢倉庫以外之其餘全部營內一切水管。

十五、供應電力。

（三）今後一切補給事宜及不能預期之費用，由雙方依據本文所訂之原則協商辦理。

附件三　游擊傘兵總隊之行動

（一）由西方企業公司及大陸工作處成立聯合作戰組，任何擬定之計劃及每次預定之行動前，必須經該組之核准及全部組員之同意，及呈游擊委員會核准，始能執行。

（二）戰鬥地區與基地之無線電通信，直接與西方公司及大陸工
作處之聯合電台連繫，空中之繼續補給，由雙方協同及
核准後空投。

◎ 總統府參軍長桂永清、祕書長王世杰擬辦簽註（民國41年9月
13日）

原件呈核：

一、查周總長前簽呈為遵鈞座指示，研究十三師調台與傘兵總隊
合編空降師一案，以十三師調台擬俟本（四一）年十月以後
台灣海峽進入東北季候風季，匪渡犯馬祖公算較小時期實施
換防較屬妥善，經奉鈞批「可」。

二、游擊傘兵總隊顧總隊長前呈鈞座報告，為陳該總隊工作概
況，經摘列呈奉批：「陸軍傘兵總隊可由顧兼」。

三、上欄第四項所稱，奉鈞座核准之專款黃金一萬兩一節，查該
款前係以該游擊空降部隊所需事務經費無底缺人員之薪餉、
服裝、主副食及加給等約共需新台幣544萬餘元，主食米
844噸，以預算無法容納，追加不易，經陳院長專案簽奉鈞
座，准以黃金一萬兩抵押備用有案。

擬辦：

一、上簽第二項擬先將陸軍傘兵總隊與原游擊傘兵總隊合編為游
擊傘兵總隊，至第十三師之改編擬按裝訓順序爾後再行辦理
一節，似可准予如擬辦理，惟第十三師改編計畫擬飭先妥擬
具報。

二、上簽第三項請求將原游擊傘兵總隊官兵改列為國軍員額一
節，查該總隊官兵既屬由國軍部隊中調用，似可准其所請。

三、上簽第四項陸軍傘兵總隊及第十三師改編後請求仍保留員額
　　一節，為使改編後游擊傘兵人員薪餉、主副食等有著，似可
　　准如所請。至擬以前奉核准之專款黃金一萬兩（原擬充作無
　　底缺人員之薪餉、服裝、主副食及加給等所需之款）移作工
　　程費一節，查該總隊既均係由國軍改編，員額有著，該款似
　　可准其移用，並飭逕報行政院洽辦。又該款使用計劃，亦擬
　　飭速造報預算呈核。

職王世杰、桂永清呈
九月十三日

13D 改編事現可暫不提，前撥黃金一萬兩移作工程費可如擬，惟
應先造具詳細計劃預算具報。餘如擬。

蔣中正印

九、十七

● 蔣中正電復國防部參謀總長周至柔傘兵部隊整編辦法案（民國 41 年 9 月 17 日）

國防部周總長勳鑒：

　　九月十日（41）還遣字第 1307 號簽呈為擬呈傘兵部隊整編辦
法一案，悉。第十三師改編事現可暫不提，前撥黃金一萬兩移作工
程費，可如擬，惟應先造具詳細計劃預算具報，餘准如擬辦理。

蔣中正
申洽克坤

● 國防部參謀總長周至柔檢呈游擊傘兵總隊基地營建工作設計圖及預算書（民國 42 年 1 月 19 日）

事由：

一、克坤字第 2146 號代電奉悉。

二、游擊傘兵總隊基地營建工作，經由本部審計司第四廳、總政治部、預算局、大陸工作處、聯勤工程署及該總隊會同組織成功閣營建委員會負責辦理。其第一期工程係傘訓設備及西方公司宿舍等，經於去年十二月二十四日正式開工，預計六十工作天完成。第二期工程，係該總隊辦公室、宿舍等，現正辦理議價手續中。

三、右項工程計實需台幣八百八十餘萬元，嗣以奉撥黃金一萬兩，僅由中央銀行抵押到六百三十一萬餘元，經飭暫按此數計劃建築，俟國庫充裕時，再請增加預算，以符實際需要。

四、除全部工程預定完成日期另案報備外，謹檢呈設計圖及預算書各一份。

恭請鑒核，謹呈總統。

職周至柔呈

四十二年元月二十九日

◎ 總統府參軍長桂永清擬辦簽註（民國 42 年 1 月 30 日）

原件呈核：

（設計圖及預算書各一份存備鈞調）

一、據附呈建築計劃以建築必需之半永久性傘訓設備與營舍為原則，其施工步驟分為三期，第一期工程已於去（四十一）年

十二月廿五日動工，預計三期全部工程，約可於本（四二）年五月底落成，各期工程內容如左：

第一期包括跳塔一座、跳台二座，烘傘房、摺傘房、修傘房、吊架棚、跳台棚各一棟，傘庫二棟，西方公司人員辦公室一棟，宿舍、醫院各一棟。

第二期工程包括總隊部辦公室一棟、大隊部四棟、中隊廿八棟、官長寢室三棟、士兵寢室及飯廳二棟、浴室八棟、廚房七棟、廁所十五棟、倉庫二棟，大禮堂、修車廠、福利社（康樂室）、軍法組、禁閉室、傳達室各一棟，停車間三棟，衛兵室二棟，以及游泳池、司令台、大門各一座。

第三期包括步、戰各種訓練場所、各項器械運動設備、各種球類運動設備、營房內外道路、營房四圍之外壕、圍牆、碉堡，以及醫院設備、營具購置等。

二、全部預算，依甲案包括工程費、徵地費、工程管理費、運費及該總隊四十一年三至十月經費等，共須888萬6,453元26分。現已按631萬4,138元之預算，照乙案辦理，將總隊部各直屬中隊及一個大隊營房，改用高架帳蓬式建築代替；大禮堂、游泳池俟預算有餘裕再建；浴室、修車廠、停車間、衛兵室、廁所等，減至最低數量，不足數以急造營房代替；其他水電工程、運動設備、醫院設備、營具等，均盡量簡化，以求適應。謹註擬准備查，仍將爾後工程進展情形報核。

● **蔣中正覆電國防部參謀總長周至柔擬定期親自巡視游擊傘兵基地營建（民國 42 年 2 月 5 日）**

國防部周總長勛鑒：

（42）挺操字第 0217 號簽呈及附件為呈報游擊傘兵基地營建計劃一案閱悉。余擬定期親自巡視。特復。

蔣中正

（42）丑微強毅

● **國防部參謀總長周至柔呈報游擊傘兵總隊基地建築情形（民國 42 年 2 月 20 日）**

事由：

一、強毅字第二七二八號代電奉悉。

二、謹將游擊傘兵總隊基地建築情形呈報如左：

（一）計劃經過：

1. 游擊傘兵總隊奉准於龍潭建築基地後，即會同西方企業公司按照四千人容量設計（如附圖），計教育設備及營舍等共需八百八十八萬六千餘元。（其中有關教育設備之跳塔、烘傘房、鋼架、鐵索等，由西方企業公司供給。）

2. 本案奉核定全部預算計六百卅一萬餘元，不敷甚鉅，因預算追加不易，乃將一個大隊六個中隊營房改建帳蓬卅八座，以減費用，俾符合六百卅一萬元預算。

（二）工程進行概況：

1. 第一期工程：

甲、項目：跳傘塔、烘傘房，吊架棚、跳台、摺傘房、西方公司宿舍、辦公室、醫院各一座，庫房三座，預算八 六二、二三三‧七一元。

乙、實際費用：計八〇六、三二六‧二 九元，由信益營造廠得標承建。

丙、進度：去年十二月廿四日正式開工，預定六十工作天完成，迄本（二）月十一月止，歷二十四個半工作天，計完成百分之五十，因天雨及西方公司供給材料運到較遲，故約於三月下旬始可竣工。

2. 第二期工程：

甲、項目：全部辦公室、宿舍及帳篷三十八座，預算四、〇〇〇、三六〇元。

乙、辦理情形：經一再研究，決定交公營建築機構承建，遂由經濟部台灣鋼鐵廠及鋁廠分別設計比價，以鋼廠計劃可以將帳篷部份全部改為房屋，且比價為低，遂決定由鋼廠承建，並議價計三、九七九、四七八‧〇五元，仍不超過預算，預定本月十九日動工，計七十工作天可完成。（不下雨四月底可完成）。

3. 第三期工程：

甲、項目：水電設備、眷舍、圍牆、側門、崗棚、外壕、碉堡、掩體、道路、樹林等，預計一百六十萬元。

乙、現正計劃分別招標與發交兵工承建，預定與第二期工程同時完成。

三、敬請鑒核。

謹呈總統

◎ 總統府參軍長桂永清擬辦簽註（民國 42 年 2 月 24 日）

原件呈核

　　查游擊傘兵總隊基地營建計劃及施工步驟，前據周總長簽呈，奉鈞批「擬定期親自巡視」，並飭知在案。茲據呈工程進行概況如左：

一、第一期工程於去（四十一）年十二月廿四日開工，現已完成百分之五十，約三月下旬可全部竣工。

二、第二期工程定本（二）月十九日動工，預計不下雨四月底可完成。

三、第三期工程預定與第二期工程同時完成。

擬准備查。

職桂永清呈
二月廿四日

如擬。

蔣中正印

三、七

◎ 總統府電復國防部參謀總長周至柔呈報游擊傘兵總隊基地建築
　情形一案准予備查（民國42年3月9日）

（府代電）

國防部周總長勳鑒：

二月廿日（42）挺操字352號簽呈為呈報游擊傘兵總隊基地建築
情形一案悉，准予備查。

　　　　　　　　　　　　　　　　　　　　　　蔣中正

　　　　　　　　　　　　　　　　　　（42）寅佳強毅

● **周至柔呈簽第十三師與傘兵總隊併編之辦理尚待開會商討後再**
　行決定（民國43年2月4日）

事由：

一、（43）子寒興勝字四二號代電奉悉。

二、關於第十三師與傘兵總隊併編一案，業經飭鄭兼處長介民
　　於四十二年十月十五日與西方公司負責人蔣司登會商，據其
　　答覆云：「傘兵擴編尚非其時，蔡斯將軍意見亦同。惟閣下
　　如認為準備於一九五五年協同陸軍攻擊使用，先行擴編訓練一
　　節，本人亦不反對。」復經議決，提游擊委員會商討，並已擬
　　定併編提案。於四十二年十一月十四日送游擊委員會。

三、該委員會目前仍未召開，對本案之辦理，尚待開會商討後，
　　再行決定。

四、恭請鑒核。

謹呈總統

　　　　　　　　　　　　　　　　　　　　　職周至柔呈

　　　　　　　　　　　　　　　　　　　　43年2月4日

◎　總統府參軍長桂永清擬辦簽註

原件呈閱

（43）子寒興勝字 0042 號代電，係飭將第十三師與傘兵總隊併編一案與西方公司負責人商討情形具報。茲據復如文。

擬復悉。

職桂永清呈

二月六日

如擬。

蔣中正印

二、十三

◎　蔣中正電復國防部參謀總長周至柔第十三師與傘兵總隊併編案辦理情形悉（民國 43 年 2 月 15 日）

（代電）

國防部周總長勳鑒：

（43）遣適字 0177 號簽呈，為呈復第十三師與傘兵總隊併編案辦理情形，悉。

蔣中正

（43）丑刪興張強

第二章　胡宗南（秦東昌）與江浙反共救國軍

一、視察及防務整備

● 國防部參謀總長周至柔轉呈胡宗南大陳島部署防務書面報告（並附工作計畫綱要與請求事項及建議意見書）（民國40年8月5日）

（簽呈）

事由：

　　竊職奉鈞座命於上（七）月二十九日親訪江浙反共救國軍胡總指揮宗南，促其速赴大陳島部署防務，伊稱將有書面計劃呈報。茲接其書面報告一件，並附工作計畫綱要與請求事項及建議成立三個野戰縱隊（共約三萬人）意見書各一件，謹附呈鑒閱。

　　茲摘錄其工作計畫要點及請求事項列之如下：

甲、軍事方面

　　一、現有游擊隊七、三一七人，整編為八個支隊。另外指揮部官兵一四〇人，請求按部頒編制發給裝備、經費、糧食、被服等，及必要之辦公業務等費用。

　　二、大陳島基地之鞏固：

　　　　（1）請求增派陸軍步兵一個團，及砲兵一連，海軍增派艦艇。

　　　　（2）加強防禦之半永久工事，請求增發工料。

　　　　（3）增建大陳港灣碼頭，使可容五千噸以下船艇停泊，請發建築工料及經費。

（4）建立水上航空機場，請發建築工料及經費。

（5）建立各島間北自漁山南迄南麂數十島嶼交通通信網，請求發給有線無線通信器材。

（6）請求調派完備之軍醫院一所。

（7）建設可容三千人之營舍，請求發給建築經費及材料。

三、挺進大陸之準備：

（1）請求准予建立基幹部隊三萬人，編為三個野戰縱隊，其兵員以現在台灣及香港之江、浙、魯、皖籍之義民召集編成之，預期於二個月內召集編組，五個月內完成裝備與特殊訓練。（職按胡總指揮原呈未述明此項部隊編訓之地點，但就原文推想，似將在台灣編訓。）

（2）請求撥調戰鬥團一團。

（3）組建機動船隊，請求發給五百噸以上登陸艇兩艘，100-200噸機帆船二十艘，操舟機一百具。（備改裝民船作為軍用）

乙、政經方面

一、組織江、浙兩省政經委員會，以統一政令。

二、選訓地方幹部。

三、請求撥借經建所需經費銀元三十萬元（為對大陸特種工作用），新台幣二百萬元。

丙、黨務方面

依中央改造委員會之命令與規定，積極展開該區黨務組織與活動，祕密進入大陸，所需黨政費用，請求由中央予以補助。

以上胡總指揮宗南所陳及請求各項，為確保大陳各島嶼及對大陸展開廣泛之游擊與政治之鬥爭，自屬需要，惟目下本部對現

有三軍部隊之整頓與防務之增強，所有裝備、經費、糧食、服裝、艦艇以及工事材料等，均極困難，對胡總指揮之各項請求，除戰鬥團已由鈞座指定撥調二團，大陳游擊隊七千餘人之主食已由本部補給，此外對工事材料及通信器材可予酌量發給，對戰鬥團兩團之營舍已飭人調查籌畫外，對於大量裝備、經費、糧食、服裝、艦艇以及各項器材材料之撥發，實難於籌措。又如在台灣訓練三萬人之基幹部隊一節，以目前外交形勢與財政狀況而言，為絕對不可能之事。但目下大陳防務亟須調整，該地各游擊隊亦急須指揮統一，究應如何辦理之處？謹請鑒核示遵！謹呈總統蔣。

　　附呈胡宗南原報告一件，初期工作計劃綱要及請求事項一件，成立三個野戰縱隊建議一件。

附件一　胡宗南報告（民國40年7月30日）

（報告）七月三十日於錦州街四巷一號

　　竊宗南昨（廿九日）承周總長面囑，即日組成江浙反共救國軍總指揮部，準備挺進大陳島工作，當以此種使命意義非常重大，今後應如何加強上下大陳各島之防衛措施，以期確保各島，俾克成為反攻江浙大陸之前進基地；應如何建立革命核心武力，整訓現有各游擊部隊，俾克進入大陸，積極活動，造成有利形勢，以策應國軍之反攻大陸；應如何成立黨務、政治、經濟、文教等必要的各級領導機構，展開總體性的鬥爭活動，以期加強政治號召，爭取民心，以支援國軍之大陸反攻，凡此皆為極端切要之圖。用特擬具江浙反共救國軍總指揮部初期工作計劃綱要及請求編訓三個野戰縱隊意見書各一件，恭呈察核，並允對各請求事項，迅賜照准，俾克積極開展工作，完成此一神聖使命，庶可毋負鈞座培植之盛德也。謹呈總長轉呈總統。

　　　　　　　　　　　　　　　　　　　職胡宗南呈

附件二　為建議在江浙反共救國軍總指揮部成立三個野戰縱隊
　　　　（共約三萬人）以為挺進大陸展開游擊發展革命武力
　　　　策應國軍之反攻大陸由

　　在台國軍之反攻大陸，必須在國內外情勢演進至成熟階段，
即一面能得國際友軍實際行動之配合，一面能獲大陸民眾武力廣
泛之響應，然後行之，始稱萬全，而尤以後者為更重要，故吾人
對大陸工作之主要任務亦即在此。

　　就大陸工作中之重心工作，即軍事準備而言，吾人為挺進江
浙大陸展開全面游擊，壯大革命武力，並掀起民眾反共怒潮，以
策應國軍之反攻大陸計，必須組訓完成三個野戰縱隊（每縱隊約
一萬人）以為武力運用與發展之基幹。

　　此三個野戰縱隊之編成，擬以現在台灣及香港之江蘇、浙
江、山東、安徽等省之義民約三萬人為基礎，而以來自大陸各方
具有反共復讐決心，富有帶兵作戰經驗之各級忠貞幹部統率之，
期於二個月內召集編組完竣，五個月內完成裝備與特殊訓練，務
使一般官兵均能成為與匪不共戴天之復仇志士，使此等部隊均能
成為憤不顧身亡命之徒的結合，以執行對匪之生死鬥爭。

　　對此等野戰縱隊之一般訓練，除使每一官兵具有必要之軍事
常識、戰鬥技術及實施游擊戰所需之各項技能而外，關於民眾之
組訓運用，黨務之推行，及地方行政與經濟諸業務之設施等，均
應予以必要之訓練，期使一般官兵，均能成為優秀之各級幹部，
以為爾後革命武力發展之核心。

　　此等野戰縱隊組訓完成後，即於有利時機，依奇襲的滲透的
及迂迴鑽的等等游擊戰法，以破釜沉舟有進無退之精神突破或滲
入匪軍之海岸防線，深入江、浙、閩、贛等省邊境山地，分區建

立祕密基地，從事地下活動，依局勢之進展，逐漸展開全面游擊活動，如滾雪球，如縱野火，以求壯大革命武力，普遍掀起反共怒潮，以響應迎接我在台國軍之反攻大陸，而為其先鋒，是固吾人所熱切寄望於此三個野戰縱隊編練之成果也！

附件三　江浙游擊總指揮部初期工作計劃綱要及請求事項

第一、初期工作計劃綱要

　　甲、軍事方面

　　　　（一）現有游擊部隊之整編

　　　　　　1. 現有游擊部隊之情況

　　　　　　　　A. 兵力：大陳區游擊部隊，計有十八個單位，共七、三一七人。

　　　　　　　　B. 素質：漁民居多，軍警官兵約佔十分之二，教育水準不齊，故良莠不等。

　　　　　　　　C. 困難：各部因無補給，島上又不產糧，故皆以海上劫奪及向地方徵借，或以走私經商爭取食糧，其中若干已疲於生活之應付，且有賣槍維持者，若不急謀改善，則不僅無力游擊，開展大陸工作，且紀律無法維繫，使民眾成仇讐矣。

　　　　　　2. 整編概要

　　　　　　　　A. 整訓：依部頒（40）救攻字第185號代電，將現有兵力整編為八個支隊，分區予以集訓。

　　　　　　　　B. 補給：在整訓期間、未挺進大陸前，請按實有人數補給主副食、服裝、布料及必要之辦公業務等費。

　　　C.裝備：除依部須編制予以裝備外，另請撥
　　　　發二吋口徑以下之速射砲以備海上巡弋船
　　　　武裝之用。

（二）大陳島基地之鞏固

1. 加強現有指揮所及守備兵力：使現有指揮所
　負責大陳區各島之守備，增加海軍艦艇及守
　備兵力。（增派正式步兵一團及砲兵一個連）

2. 加強防禦工事：現有之半永久工事，因材料
　不足，多不合標準，位置選擇亦欠適當。野
　戰工事，因缺乏工作器具，大多不合標準，
　且為數甚少，故必須修訂計劃補行構築。其
　他島嶼必要時構築之。

3. 港灣碼頭之設備：原有海軍碼頭一處，惟因
　缺乏躉船，臨時以破爛之機帆船墊成，經風
　浪沖去後，現已無法利用。大陳港灣可容
　五千噸以下艦艇航行停泊，將來工作展開，
　吞吐量增，故必須修建一切設備。

4. 建立水上機場：大陳區各島均屬岩石山地，
　修建機場困難，為謀爾後空運連絡，擬建水
　上機場一處。

5. 建設島間交通通信：北自漁山南迄南麂大小
　島嶼數十個，為使組成一戰鬥體，故必須交
　通通信靈活迅捷，組成完密之交通網。

6. 增配衛生機構：除指揮所及海軍陸戰隊團營
　所屬醫務人員外，無傷患收容之機構，故必
　須設立完備之軍醫院一所。

7. 建設訓練基地：為集訓整編各部官兵，上大陳可為訓練基地，但無營舍，故須修建三千人之營舍，必要時擬借用台灣或澎湖作臨時集訓之用。

（三）挺進大陸必須之準備

1. 建立基幹部隊：為挺進江浙大陸展開全面游擊，掀起民眾反共怒潮，以策應國軍之反攻大陸計，擬組訓三個野戰縱隊共約三萬人，以為武力發展之基幹，其編成擬以現在台灣及香港之江、浙、皖、魯等省義民為基礎，而以來自大陸各方具有反共復仇決心、富有帶兵作戰經驗各級幹部統率之，預期於二個月內編組完竣，五個月內完成必要之裝備及訓練，然後挺進大陸，分區建立基地，展開全面游擊活動，發展武力，鼓動廣泛民眾，以迎接國軍之反攻大陸。

2. 撥配戰鬥團：為協助訓練游擊部隊編組新部隊，組訓民眾，請撥配戰鬥團一團。

3. 組建機動船隊：為保持部隊之機動、海上補給、大陸連絡及防區巡弋，須組成勉足敷用之機動船隊。

乙、政經方面

（一）大陳區政治現況

大陳區南北各島分隸於溫嶺、玉環、三門、臨海、象山、定海各縣，現各縣均有縣長，大都集居於大陳或漁山，因省政府已不存在，故一切已

與行政院脫節，政令不行，事權不一，亟須納入正軌，統一政令。

（二）大陳區經濟現況

大陳區各島嶼面積狹小，人口稀薄，以漁業為主，農業不振，行政機構不健全，故對物產貿易、交通、金融均無合理之節制，任其散漫。因與大陸接近，土產輸入、流出，我方物資為匪套購，至為可慮，且無金融機構貨幣，缺乏領導。民間所需全賴物物交易，即有少數硬幣流通，漸至為匪套去，損失堪虞。交通無合理統一之管制，各島政令不一，致稅收各立門戶，民眾負擔奇重而政府收入微薄。各島接近大陸，無論政治、經濟均應有統一詳盡之改善辦法切實施行，以與匪區作強烈之對比。

（三）初步措施

1. 組織機構：為統一江、浙兩省現有地區政經設施並精簡制度，擬組織「江浙兩省政經委員會」，組織系統如附表。（組織綱要暫略）

2. 選訓幹部：

　　A. 登記考選：登記改選在台優秀知識青年及原任江、浙之政經幹部。

　　B. 甄別調整：將現任各縣幹部予以甄別及調整，並淘汰不適任者。

　　C. 分期集訓：設立「江浙兩省政經幹部訓練班」，分期集訓之。

3. 施政方針：關於江浙地區之軍事、政治、經

　　　　　　濟、教育等措施，自應適應目前情勢之需要，
　　　　　　完全配合支持國軍之反攻大陸為主眼，當另
　　　　　　訂施政綱要及經濟建設綱要為準行之。

　　丙、黨務方面

　　　（一）大陳區黨務現況

　　　　　　現大陳區尚無黨務機構及活動，為健全我方軍
　　　　　　事、政治及社會、組織各部門，充實革命原動
　　　　　　力，並積極展開對匪之組織戰，實有設立之必
　　　　　　要，但因鄰近匪區，為工作祕密緊張計，一切
　　　　　　黨務組織以祕密方式為宜。

　　　（二）組織與活動

　　　　　　依本黨中央改造委員會之命令與規定，建立各級
　　　　　　組織，積極活動。

第二、請求事項

　　基於上述各項措施，必須具備下列各項條件，敬乞准如所請：

（一）經糧服裝裝備：請發給現有部隊官兵七、三一七人及指
　　　揮部官兵一四〇人之經糧服裝裝備。

（二）港灣工事、營舍建築材料及費用：甲項（二）之2、3、
　　　4、7項所需材料及費用，擬請發由國防部主管部門從速
　　　辦理。

（三）通信器材：各島間固定通信所及部隊中通信所，需有無
　　　線電通信器材，擬請發給。

（四）部隊與醫院：請增撥海軍艦艇，正式步兵一個團，山砲
　　　兵一連，完備之軍醫院一個，戰鬥團一團。

（五）船艇操舟機：請發五百噸以上登陸艇兩艘，100-200噸機
　　　帆船二十艘，操舟機一百具。（以備改裝民船用作軍用）

（六）黨政費用：在地方經濟未充裕前，黨政所需費用請由中央
　　　補助之。

（七）經建費用：請撥借乙項經建所需銀元參拾萬元（為對大
　　　陸特種工作之用）新台幣貳百萬元。

附表

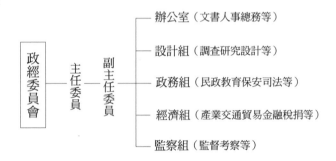

◎ 總統府參軍長劉士毅呈閱胡宗南大陳島部署防務書面報告（附
　工作計畫綱要與請求事項及建議意見書）（民國40年8月7日）

　　周總長八月五日簽呈奉鈞座命於上（七）月廿九日親訪江浙
反共救國軍胡總指揮宗南，促其速赴大陳島部署防務。據其書面
報告，並附工作計劃綱要與請求事項及建議意見書各一件。謹呈
鑒核。

（附原簽及附件）

　　　　　　　　　　　　　　　　　　　　　　　　職劉士毅呈

　　　　　　　　　　　　　　　　　　　　　　　　四十年八月七日

胡宗南工作計劃要點及請求事項摘要

軍事

一、現有游擊隊 7,317 人，整編為八個支隊，另外指揮部官兵 140 人，請求按部頒編制發給裝備經費、糧食、被服等及必要之辦公業務等費用。

二、大陳島基地之鞏固

　　1. 請求增派陸軍步兵一個團，及砲兵一個連，海軍增派艦艇。

　　2. 加強防禦工事，增發工材。

　　3. 增建大陳港灣碼頭，可容五千噸以下船艇停泊。

　　4. 建立水上航空機場。

　　5. 建立北自漁山、南迄南麂數十島嶼間之交通通信。

　　6. 調派完備之軍醫院一所。

　　7. 建設可容三千人之營舍。

三、挺進大陸之準備

　　1. 請准予建立基幹部隊三萬人，編為三個野戰縱隊，其兵員以現在台灣及香港之江、浙、魯、皖籍之義民召集編成之，預期二個月召集編成，五個月完成裝備與特殊訓練。

　　2. 請調戰鬥團一團。

　　3. 組建機動船隊，發給五百噸以上之登陸艇二，100 至 200 噸機帆船二十艘，操舟機一百具。

政經

一、組織江、浙兩省政經委員會，以統一政令。

二、選訓地方幹部。

三、請撥借經建所需經費銀元三十萬元（為對大陸特種工作用）

新台幣二百萬元。

此不可能，最多只撥銀圓五萬元為度。

中正

黨務

　　依中央改造委員會之命令與規定，積極展開該區黨務組織與活動，祕密進入大陸，所需黨政費用，請求由中央予以補助。

中央用於大陸經費當可撥一部分用之於大陳。

中正

周總長審議意見

　　以上請求各項，為確保大陳各島嶼，及對大陸展開廣泛之游擊與政治之鬥爭，自屬需要，惟目下本部對現有三軍部隊之整頓與防務之增強，所有裝備經費、糧食、服裝、艦艇、以及工材等，均極困難，對胡總指揮之各項請求，除戰鬥團已奉指定撥調二團，大陳游擊隊七千餘人之主食，由本部補給，此外對工事材料及通信器材，可予酌量發給，對戰鬥團兩團之營房，已飭人調查籌畫外，對於大量之裝備經費、糧食、服裝、艦艇、以及各項器材之撥發，實難籌措，又如在台灣訓練三萬人之基幹部隊一節，以目前外交形勢與財政狀況絕不可能，但目下大陳防務亟須調整，該地各游擊隊急須指揮統一，究應如何辦理，乞示遵。

擬辦及附註

一、關於大陳增加兵力及加強工事一案，前據周總長四月五日簽呈，1. 上下大陳守備兵力如何增強，擬俟胡宗南到達大陳成立指揮部後，再行分別辦理。2. 大陳工事，已於卅九年十一

月間發給兩個營半永久工事材料，另加發水泥 150 噸，飭即構築工事，按現有兵力，已勉可敷用，等語，經呈奉鈞擬復悉在案。

二、關於抽調戰鬥團開赴大陳接替陸戰隊防務一案經奉鈞准，準備第 5A、18A 兩個戰鬥，加開赴大陳，歸胡宗南指揮，並限本（七）月底完成準備，待命開拔，等因，經轉飭，據詢據國防部第三廳承辦組稱，「該兩戰鬥團已於七月底準備完畢」等語。謹註。

擬辦

一、關於軍事部份，擬交周總長就國家財力所及者，盡予核辦，並酌復胡總指揮，並促速赴大陳島部署防務。

二、關於政經及黨務方面者，擬先交行政院與中央改造委員會核議具報。

右擬當否？敬乞核示

如擬。

中正

● **蔣中正電復胡宗南關於大陳島部署防務書面報告（民國 40 年 8 月 16 日）**

（代電）

胡總指揮宗南勛鑒：

周總長轉呈七月三十日報告及工作計劃等均悉。

（一）軍事部份已交周總長酌核辦理。

（二）希速赴大陳島指揮。

（三）政經方面已交行政院核議，唯所要求之經建經費為不可

能，最多祇可撥銀元五萬元。

（四）黨務方面已另交中央改造委員會核議。

中央用於大陸經費當可撥一部份用之於大陳。

蔣中正

未刪乾亢

● **蔣中正電致國防部參謀總長周至柔關於胡宗南大陳島部署防務書面報告（民國 40 年 8 月 16 日）**

（代電）

國防部周總長勛鑒：

　　八月五日斐 722 號簽呈為轉呈胡宗南工作計劃案悉。

（一）軍事部份希就財力所及者酌核辦理。

（二）胡總指揮應飭速赴大陳島指揮。

（三）政經方面已另交行政院核議，唯所要求經建經費為不可能，最多祇可撥銀元五萬元。

（四）黨務方面已交中央改造委員會核議，中央用於大陸經費或可撥一部份用之於大陳。

　　　　　　　　　　　　　　　　　　　　　蔣中正

　　　　　　　　　　　　　　　　　　　　　未刪乾亢

● **蔣中正電致行政院陳院長關於胡宗南大陳島部署防務書面報告**
　（民國 40 年 8 月 16 日）

（代電）

行政院陳院長勛鑒：

　　茲抄附江浙反共救國軍總指揮胡宗南工作計劃內，政經部份
及請求事項六、七兩項，希核議具報，唯其所要求之經建經費為
不可能，最多祗能撥銀元五萬元。

蔣中正

未刪乾亢

● **蔣中正電致中國國民黨中央改造委員會張祕書長關於胡宗南大**
　陳島部署防務書面報告（民國 40 年 8 月 16 日）

（代電）

中央改造委員會張祕書長勛鑒：

　　茲抄附江浙反共救國軍總指揮胡宗南工作計劃內，黨務部份
及請求事項第六項，希核議具報，中央用於大陸經費當可撥一部
份用之於大陳。

蔣中正

未刪乾亢

附件如文

● 中國國民黨中央改造委員會復電總統府關於胡宗南大陳島部署防務書面報告（民國 40 年 8 月 24 日）

（代電）

受文者：總統府

一、乾元字第 756 號代電暨附件均敬悉。

二、查關於大陳島黨務，本會除經派張振東同志前往負責佈置交通聯絡及辦理該地黨員之調查登記工作外，並正積極準備在該島建立浙江省黨的祕密機構，俟該項機構建立後，當撥給經費，並與胡宗南同志切取聯繫配合工作。

三、相應覆請查照為荷。

擬待行政院呈復後彙辦

辭
八、廿五

如擬。

世杰

● 胡宗南致電蔣中正報備成立江浙反共救國軍總指揮部（民國 40 年 10 月 24 日）

（無線電）

台北。密總統蔣：

　　本部遵於明（廿五）日在大陳成立，謹電報備。

職胡宗南
酉敬親

◎ 總統府參軍長劉士毅呈閱胡宗南來電（民國40年10月27日）

原件呈閱胡宗南所稱本部係「江浙反共救國軍總指揮部」。
謹註。

職劉士毅呈

十月廿七日

悉。

中華民國四十年拾月廿八日

● 國防部函知內政部江浙反共救國軍總部奉核即行撤銷總指揮名義保留（民國42年9月22日）

（函）（42）挺推字第01246號

受文者：內政部

一、內民字34740號函敬悉。

二、查江浙總部經奉總統核定「江浙反共救國軍」總指揮秦東昌保留名義，總指揮職務准由兼副總指揮劉廉一代理，機構即行撤銷（該總部准保留至42年九月十五日結束），並經本部（42）挺推字01117號令發佈在案。

三、請查照。

國防部部長

郭寄嶠

● **國防部函行政院祕書處請明確指示政府對大陳政策（民國 43 年 1 月 5 日）**

（函）（43）遣適字第 0006 號

受文者：行政院祕書處

一、（42）年十二月十一日，台四二內字第 16872 號通知單敬悉。

二、查江浙總部指揮機構業經簽奉總統核定撤銷，秦東昌總指揮名義保留，總指揮職務由兼副總指揮劉廉一代理。現大陳在最前線，隨時有變成戰地之可能，與軍事息息相關。政府政策需採軍政分離，抑採軍政統一，並是否以大陳為反攻大陸後之戰地政務試驗區，請予以明確指示，以便遵循。

三、敬請查照轉呈核示為荷。

　　　　　　　　　　　　　　　　　　　　　部長郭寄嶠

◎ 國防部大陸工作處關於浙江省擬呈戰時暫行編制案究應如何辦理簽請核示（民國 42 年 12 月 31 日）

（簽呈）

（一）浙江省擬呈戰時暫行編制案，奉總長批示：「大陳在最前線隨時有變成戰地之可能，與軍事息息，政府政策究採軍政分離或採軍政合一，並是否以大陳為反攻大陸後之戰地政務，先作一實驗區，凡此皆屬最高決策，似應先行請示行政院予以明確指示，然後再擬辦法為妥」等因。

（二）行政院頒發「簡化戰地省縣組織統一軍政事權辦法」，規定戰地省區設省政府及反共救國軍總指揮部，置主席兼總指揮，綜理政務及軍事，置祕書長、參謀長襄助主席兼

總指揮處理政務及軍事，又為求軍政密切配合，省政府與
反共救國軍總指揮部應鎔為一體。查軍政統一編制，滇、
閩兩省案經實施有案，現閩省轄區——金門縣（位於最前
線並由金門防衛部指揮所屬國軍防守）與浙江——大陳
情況相似，而稍有不同者即江浙總部轄區較閩總部多一省
（江蘇）。總部指揮機構撤銷後，游擊部隊指揮策劃用由
劉兼副總指揮代理總指揮職權，負責處理，目前大陳既屬
浙江轄區，而浙江又為戰地，且秦東昌在軍事上總指揮名
義存在，行政上為浙省主席，副總指揮為劉廉一，為使軍
政一元化，實施軍政統一似屬需要，惟檢討大陳當前環境
（軍事指揮統歸劉廉一）不再另設指揮機構，軍政編制內
軍事處及政治部暫不設立，軍事業務仍由劉兼副總指揮代
行，似屬可行。覆查行政院明文規定，戰地應實施軍政統
一，並令飭浙省擬訂軍政統一編制表呈核在案，現再請示
行政院明確指示政府對大陳政策，究採軍政分離或採軍政
統一等項，是否適宜，似應考慮。

（三）本案擬辦如左：

　　甲案：遵照總長指示請示行政院明確指示，政府對大陳之
　　　　　政策。（如附稿）

　　乙案：照原審議意見第二項，函內政部。謹連同上項情由
　　　　　一併簽請鑒核。究應如何？呈請核示

介民
十二、卅一

照甲案。

參謀總長周至柔

42.12.31

二、活動發展經費

● 胡宗南電請迅撥餘銀肆萬元濟急（民國 40 年 9 月 30 日）

（報告）九月三十日於大陳

　　竊職前奉鈞座未刪乾元代電撥發銀元五萬元，經向國防部洽領，僅由聯勤總部墊借壹萬元，其餘肆萬迄未奉撥。現此間需用孔急，懇祈賜飭迅撥，以便派員具領，解運濟急。謹呈總統蔣。

職胡宗南呈

准在存銀項下撥付。

中正

中華民國四十年拾月九日

● 秦東昌呈報蔣中正請撥永久工事材料分運大陳、洞頭俾資構築（民國 40 年 9 月 30 日）

（報告）九月三十日於下大陳

　　查大陳、洞頭兩島如期固守，各須加強兩團工事，請撥發四團份半永久工事材料，分運各該地點，俾資構築。是否有當？敬祈核示祗遵。

謹呈總統蔣。

職秦東昌呈

● **蔣中正致電國防部參謀總長周至柔准胡宗南請在聯勤總部前交存中央銀行之銀元項下撥付**（民國 40 年 10 月 11 日）

國防部周總長勛鑒：

　　茲抄附胡宗南九月三十日報告一件，此項銀元准在聯勤總部前交存中央銀行之銀元項下撥付。

　　　　　　　　　　　　　　　　　　　　　蔣中正

　　　　　　　　　　　　　　　　　　　　　酉真乾元

附抄件一件

（以蓋印代電紙抄副本送中央銀行俞總裁）

● **中央銀行總裁俞鴻鈞呈報總統蔣中正有關撥付胡宗南銀元伍萬元事**（民國 40 年 10 月 24 日）

（簽呈）

　　案奉鈞座十月十一日乾元字第 0902 號代電為核准在聯勤總部前存本行銀元項下，撥付胡宗南伍萬元等因，另准聯勤總部電同前因，上項銀元遵於十月十七日一次如數撥交聯勤總部軍需署具領，除函復外，理合簽請鑒察。

　　謹呈總統蔣。

　　　　　　　　　　　　　　　　　　　職俞鴻鈞謹呈

　　　　　　　　　　　　　　　　　　　十月廿四日

● 胡宗南密電總統府游擊部隊糧食無著（民國40年12月10日）

（無線電）

　　限即到台北總統府。密。總統蔣。前由鍾松面請游擊部隊每月應補一、九二〇人糧食一事，至今無著。現今美方訓練有機，糧食無著，殊為焦急。究應如何之處，懇即電令祗遵。

職胡宗南
亥灰（10/12）

◎ 總統府參軍長劉士毅擬辦簽註（民國40年12月11日）

原件呈核

一、前據周總長簽呈，大陳游擊隊七千餘人之主食，已由本部補給，經呈鈞閱在案。（胡宗南所請核實補給名額為七、一五七名。）

二、本件經詢國防部，據稱，前核准七千餘人主食補給，內分「經常補給」與「集訓補給」兩種，胡部經常補給名額實為五、二三七名，餘額屬於後者，此專為供應由沿海各省抽調之受訓部隊所需，如胡部七、一五七名均以經常補給數額計算，實短少一、九二〇名。

三、胡宗南前電呈大陳召開幹部會議情形，經呈奉鈞批慰勉，並囑今後此類事不必用電報，無線電以愈少用愈好，等因，經於十二月四日以代電轉飭在案。謹註。

擬辦：擬飭周總長迅予籌補，並飭知胡宗南今後如必須用電報時，須一密到底。

職劉士毅呈
十二月十一日

如擬。

中正

　　此等糧食如無著落必須正式追加預算，從速先行發給為要。

中正

中華民國四十年十二月拾參日

● **蔣中正電示國防部周總長必須正式追加預算從速先行發給游擊
　部隊為要（民國 40 年 12 月 11 日）**

（代電）

國防部周總長勛鑒：

　　茲抄附胡宗南亥灰電乙件（如附件）。此等糧食如無著落，
必須正式追加預算，從速先行發給為要。

蔣中正

亥酉乾坤

另抄送行政院陳院長、國防部部長

● **國防部周總長呈覆蔣中正對胡宗南請求各項補給品辦理進度表
　（民國 40 年 12 月 14 日）**

（簽呈）

事由：

一、鈞座戌寒乾坤字第○九八三號代電奉悉。

二、胡總指揮請求各項補給品遵辦進度如附件。

三、「游擊部隊政治工作綱領」已於十月十二日頒發胡總部，並據
　　該部政治部主任電覆，已轉發各部隊遵照實施。恭請鑒核。

謹呈總統

附呈：對胡總指揮請求各項補給品辦理進度表一份。

◎ 總統府參軍長劉士毅擬辦簽註（民國 40 年 12 月 17 日）

原件呈核

一、周總長 1/11 簽呈，為對胡宗南請求事項辦理經過一案，經呈
　　奉鈞批：（一）關於所需電台、船用油料及水泥等，速計劃
　　籌撥。（二）「游擊部隊政治工作綱領」對胡部有無頒發並
　　實施希查明具報。（三）餘准如擬辦理，等因，經轉飭。茲
　　據復如文。謹註。

二、擬辦如浮簽。

　　　　　　　　　　　　　　　　　　　　　　職劉士毅呈

　　　　　　　　　　　　　　　　　　　　　　十二月十七日

內批。

中正

中華民國四十年十二月拾九日

附件：對胡總指揮請求各項補給品辦理進度表

原請求事項	請配撥五〇〇一、〇〇〇噸運輸船兩艘，並在上下大陳勘建碼頭各一處。
本部核示	由聯勤總部派五〇〇一、〇〇〇噸船隻一艘，每月自基隆至大陳往返二次（半月一次），維持該方面經常運補。二、碼頭緩建。
辦理進度	查由台至大陳補給品每月僅六〇〇噸，故暫定租五〇〇噸以下船一艘，每月往返兩次，現已租用英杭輪於十一月十二日裝運軍品開往，至於爾後來往開航日期另與胡部協定。
備考	係本部轄輪字第一五〇一號代電飭聯勤總部辦理。
總統府參軍長劉士毅擬辦浮簽	查胡宗南請求在上下大陳勘建碼頭事，前據周總長簽呈稱，此種設施，似非台灣能力所能負擔，擬不予核准，經呈鈞准有案。謹註。

原請求事項	請補給該方面游擊部隊機帆船月需油料。
本部核示	准由聯勤總部一次補助柴油一五〇噸，爾後自行籌補。
辦理進度	已由聯勤總部於十一月十七日軒轅字第四五七〇號代電轉飭基隆運輸司令部發訖。
備考	係本部轀輪字第一五〇一號代電飭聯勤總部辦理。
總統府參軍長劉士毅擬辦浮簽	胡部現有機動船艇卅五艘，前月補油料三五〇噸。本件經詢國防部，據稱，胡部請補油料事，因本年度未列入預算，故無法悉數籌補。此次撥發柴油一五〇噸，似屬補助性質。謹註。 擬辦： 擬飭周總長，應於明（四一）年列入正式預算，核實補給。

原請求事項	請發七五瓦電台六部，一五瓦十一部，兩瓦半情報機十六部，海底電線五千公尺。
本部核示	由聯勤總部撥發一五Ｗ電機六部，其餘庫無存品，暫從緩議。
辦理進度	已由通信署準備，惟尚未領去，並已催胡部駐台辦事處速領。
備考	係本部轀輪字第一五〇一號代電飭聯勤總部辦理。
總統府參軍長劉士毅擬辦浮簽	擬飭周總長，胡部所需七五瓦電台、十五瓦電台及二‧五瓦情報機，於軍援品到達時，應優先補給。

原請求事項	請發建築蓄水池用水泥五〇噸。
本部核示	由聯勤總部購發水泥五〇噸。
辦理進度	已由工程署簽請總部撥款中，款撥到後，即可購運。
備考	係本部轀輪字第一五〇一號代電飭聯勤總部辦理。（此應速撥不可待款再撥）
總統府參軍長劉士毅擬辦浮簽	

原請求事項	請發五軍、十八軍兩個軍官戰鬥團二‧五及四‧〇公分機關砲。
本部核示	二‧五及四‧〇公分機關砲庫缺，准俟庫存二‧〇機關砲修成後，撥發五〇門。
辦理進度	該項二‧〇機關砲，係由空軍報廢飛機拆下繳回者，僅有砲身用於陸上，須配腳架及瞄準具與附件等，工程甚大，需費頗鉅（固定砲架每門三、三〇〇元，活動砲架每門五、〇〇〇元），正計劃籌修中。
備考	係本部轀輪字第一五〇一號代電飭聯勤總部辦理。
總統府參軍長劉士毅擬辦浮簽	擬飭應迅予籌修撥配。

原請求事項	請撥配野戰醫院。
本部核示	由五十四醫院派一個衛生組開赴大陳作業。
辦理進度	該組已於十月二十五日開赴金門，隨同軍官戰鬥團轉開大陳，並已籌設完畢。大陳房屋缺乏，該組辦公作業部用帳篷十二頂，病房帳篷十九頂，共三十一頂，已飭聯勤總部撥發中。
備考	係本部（四〇）轘軌字第八六四號代電飭聯勤總部辦理。
總統府參軍長劉士毅擬辦浮簽	

原請求事項	請籌撥棉衣。
本部核示	准由聯勤總部撥發棉衣七、八二三套。
辦理進度	已於十月二十四日運往大陳。
備考	係本部（40）轘載字第一二七五號代電飭聯勤總部辦理。
總統府參軍長劉士毅擬辦浮簽	

● **國防部參謀總長周至柔呈復江浙反共救國軍所需建築大陳儲水池水泥五十噸已經聯勤總部撥運（民國 40 年 12 月 15 日）**

（簽呈）

事由：為呈復江浙反共救國軍所需建築大陳儲水池水泥五十噸已
經聯勤總部撥運由

一、乾光字第 1082 號代電奉悉。

二、查大陳江浙反共救國軍所需建築儲水池水泥五十噸，已經聯勤
總部於四十年十二月十五日撥運在案。

三、謹復鑒察。

謹呈總統

● **總統蔣中正密電秦東昌今後如必須用電報時須一密到底為要**
　（民國 40 年 12 月 17 日）

　　大陳。密。秦東昌亥灰電悉，已著周總長從速先行發給矣，
惟今後如必須用電報時，須一密到底為要。

蔣中正
亥篠乾坤

● **蔣中正電復國防部參謀總長周至柔應速撥發大陳胡部請發建**
　築蓄水池用水泥五十噸（民國 40 年 12 月 22 日）

（代電）

國防部周總長勛鑒：

　　十二月十四日簽呈暨附表均悉。大陳胡部請發建築蓄水池用
水泥五十噸一節，應速撥發，不可待款再撥。

蔣中正
亥哿乾光

● **秦東昌密電蔣中正乞補足各種彈藥攜行基數並撥發戰備屯彈五**
　個基數以利作戰（民國 41 年 1 月 18 日）

（無線電）

　　台北總統府。密總統。本部所屬各部隊現有各種彈藥，不足
一基數，除乞補足攜行基數外，懇務撥發戰備屯彈五個基數，以
利作戰，乞核示。

職秦東昌
子巧信二

復各種械彈已派艦運補，其數量待艦到時，當可詳知也。

中正

中華民國四十壹年壹月拾九日

● 蔣中正電覆秦東昌撥發戰備請求（民國 41 年 1 月 19 日）

（電）

　　大陳。密。秦東昌，子巧電悉。各種械彈已派艦運補，其數量待艦到時，當可詳知也。

蔣中正

子皓克坤

● 國防部參謀總長周至柔呈簽胡宗南部軍糧補給員額不敷已自 41 年元月份起增補（民國 41 年 1 月 21 日）

（簽呈）

事由：為呈復胡宗南部軍糧補給員額不敷，本部已自（41）年元

　　　月份起增補由乾坤字第一零七六號代電奉悉。

　　查胡宗南部游擊部隊軍糧補給員額不敷 1,920 人一案，已飭聯勤總部在餘糧內先行如數增補。關於嗣後游擊部隊之補給，自本（41）年度元月份起，已勉在本部配撥糧額內籌撥 1 萬 2,000 人，交大陸工作處統籌核補。謹報請核備為禱。

謹呈總統

● 胡宗南懇發特別費（民國 41 年 3 月 16 日）

（抄件）

總統蔣：

　　此間工作展開費用浩繁，擬懇發特別費銀幣伍萬元，並准實報實銷，是否有當？敬請鈞核。

職胡宗南

三、十六

周總長、黃總司令：

准在聯勤總部存儲現銀項下再撥五萬元，但每月不得越過壹萬元之資用。

中正

◎ 總統府參軍長桂永清擬辦簽註（民國 41 年 4 月 4 日）

原件呈核

一、查四十年十月九日，曾奉鈞准在聯勤總部存銀項下撥付胡部銀元五萬元有案。

二、本年三月廿八日軍事會談席上吳署長報告：以胡總指揮仍懇每月繼續發給銀元一萬元，吳署長並稱國防部尚有銀元 29 萬元，但每月須發保密局一萬元。奉鈞座指示：「大陳銀元津貼，可繼續發給每月一萬元，暫以五萬元為限」等因，紀錄在卷。謹註。

擬辦：擬遵鈞座指示，飭國防部在該部餘存銀元項下撥付。

職桂永清呈

四月四日

可。

蔣中正印

四、八

● 蔣中正函電中央銀行俞總裁關於胡宗南懇發特別費銀幣伍萬元案文電稿（民國41年4月1日）

（代電）

中央銀行俞總裁勛鑒：

　　准聯勤總部在存儲現銀項下提付銀元伍萬元，交該部具領。

　　　　　　　　　　　　　　　　　　　　蔣中正

　　　　　　　　　　　　　　　　　　　　戊○克坤

● 國防部周總長呈復游擊部隊用蚊帳、草蓆事（民國41年7月9日）

（簽呈）

事由：為呈復游擊部隊用蚊帳草蓆計需款九〇、六八 三・二五元祈鑒核示遵由

　　鈞座辰迴克坤字第一七一七號代電奉悉。查DDT殺蚊，必須於室內室外經常噴射，方能生效，如營舍過於分散，環境衛生較差時，則需用之數量甚大，概計二年耗費總值（按蚊帳規定使用二年）遠較用蚊帳為高，為求經濟有效計，似以採用蚊帳為宜。茲查庫存尚有不適於一般部隊使用之雜式蚊帳一批，稍加整修，即可利用，已權在上項庫存品內，配補各地區游擊部隊一萬三千七百九十二人份，自行整修使用。至草蓆一項，本年籌製數

量，於配發後，雖尚有餘品四萬餘條可資利用，但受美援物資不能撥發游擊部隊使用之限制，無法調劑。經照現有游擊部隊總人數核計，共需新台幣九〇、六八三‧二五元，惟以本年游擊部隊所需服裝經費，前經呈報行政院，未奉核撥，本案所需經費，恐亦難奉准，對於草蓆一項，擬不籌發。當否？謹檢同預算表一份，恭呈鑒核。

職周至柔呈

四十一年七月九日

附表　各游擊部隊需用草蓆預算表

品名	單位	數量	單價	總價
草蓆	條	15,771	5.75	90,683.25
合計				90,683.25

附記
1. 所需數量，係照各游擊部隊核定人數，減去按國軍待遇人數計算。
2. 係照單人草蓆估價。

◎ 總統府參軍長桂永清擬辦簽註（民國 41 年 7 月 11 日）

原件呈核

　　查周總長前簽呈，為呈復對胡宗南請求所部配發蚊帳草蓆一節，以未列入新擬之服裝補給標準，無此預算，無法辦理一案，經於五月二十四日呈奉鈞批「蓆帳所需款項計為若干？如用本國自製 DDT 藥劑殺蚊，計需款若干？希核計具報」，經飭遵。茲據復如本件。謹註。

擬辦：按草蓆一項，需款僅 9 萬 683 元，其數不大，擬飭可暫墊
　　　款籌製配發。

職桂永清呈

七月十一日

如擬。

蔣中正印

七、十二

● 總統蔣中正電復國防部參謀總長周至柔草蓆需款不多希暫設法 墊款籌製配發（民國 41 年 7 月 14 日）

（代電）

國防部周總長勛鑒：

　　七月九日實審字第 1943 號簽呈，為呈復游擊部隊用蚊帳草蓆辦理情形一案，悉。草蓆需款不多，希暫設法墊款籌製配發可也。

蔣中正

午寒克坤

● 國防部參謀總長周至柔呈報墊款購發游擊部隊草蓆辦理經過 （民國 41 年 8 月 27 日）

（簽呈）

事由：為墊款購發游擊部隊草蓆呈請核備由

　　鈞座克坤字第 1869 號代電奉悉。查游擊部隊所需草蓆 15,771 條，業經遵奉指示，經飭聯勤總部即就庫存台織草蓆內先行配發，以應急需，並另墊款 90,683 元購還歸墊，理合將辦理經過，呈請鑒核備查。

謹呈總統

● 聯合勤務總司令部電請核示江浙反共救國軍總指揮部請調換雜牌銀元一節（民國41年8月28日）

（代電）（41）賢資字第 04414 號

駐地：上海路二段四號

事由：為江浙反共救國軍總指揮部請調換雜牌銀元一節報請核示

受文者：國防部第四廳轉呈參謀總長。

一、據本部軍需署案呈江浙反共救國軍總指揮部東功（三）字第
　　80959 號代電節開：「八月份運來銀元 1 萬枚，內有雜牌銀
　　元甚多，每枚最多折換台幣 6 元，影響本部經費甚鉅，且有
　　日式雜牌銀元 1,300 枚，無法使用，請賜予調換」等語。

二、查該部經費奉准在本部存儲中央銀行保管款銀幣項下提撥
　　5 萬元，由本部分月（每月 1 萬元）轉發，八月所發該部銀
　　元 1 萬元，所有雜牌銀元擬仍交該部使用，並飭將實際折換
　　率報部核備。至日式雜牌銀元 1,300 元既無法使用，擬飭逕
　　交中央銀行在本部保管款銀元內如數調換，以免影響該部經
　　費。可否之處，敬乞核示，俾憑轉知遵辦。

三、本件副本抄送江浙反共救國軍總指揮部及中央銀行。

　　　　　　　　　　　　　　　　　　　　總司令黃鎮球

◎ 國防部第四廳移請預算局查案卓辦（民國41年9月10日）

國防部移文單

來文單位：聯總

（代電）（41）賢資字第 4414 號

受文單位：預算局

移送原因：江浙反共救國軍總指揮部請調換銀元一案，本廳無
　　　　　案，移請查案卓辦。

◎ 國防部預算局移請大陸工作處查案卓辦（民國41年9月13日）

國防部移文單

來文單位：聯勤總部

（代電）（41）賢資字第 4414 號

受文單位：大陸工作處

案由：如文

移送原因：

1. 查奉撥江浙總部銀元 5 萬元一案，前准聯勤總部賢貴字 3012 號
   代電檢送收支結算表，請予核結，經於七月十六日移送核辦，
   已經貴處辦令准予備查，於八月廿六日補會本局在卷。

2. 該項經費既經結報，該總部所請調換雜牌銀元 1,300 應否亦准
   調換，移請查案卓辦為荷。

◎ 國防部大陸工作處移請預算局仍請卓辦為荷（民國 41 年 9 月
　　16 日）

國防部移文單

來文單位：聯勤總部

（代電）（41）賢資字第 4414 號

受文單位：預算局

案由：江浙總部請調換舊式銀元 1,300 元案

移送原因：查奉撥江浙總部銀元五萬一案，前據報已在四十年九
　　　　　月至本年一月期內支出用罄，事隔數月，始請調換，

似應先查詢原因如何。案屬貴管，仍請卓辦為荷。

● **聯合勤務總司令部呈報江浙總部請調換雜牌銀元係四十一年度所撥特別費銀元五萬元**（民國 41 年 10 月 13 日）

（代電）（41）賢資字第 05300 號

事由：江浙總部請調換雜牌銀元係四十一年度所撥特別費銀元 5 萬元

駐地：上海路二段四號

受文者：預算局轉參謀總長

一、（41）笠篇字第 5079 號代電奉悉。

二、查江浙反共救國軍總指揮部特別費，奉核准四十年及四十一年銀元各 5 萬元，該部所報四十年九月至本年元月支出計算表已支用無餘，係四十年特別費銀元 5 萬元。本案所請調換雜牌銀元係本年奉核准之 5 萬元，謹報請鑒核。

三、副本送江浙反共救國軍總指揮部。

總司令黃鎮球

● **胡宗南懇再賜發給銀元五萬枚以資接濟**（民國 42 年 3 月 26 日）

（報告）三月二十六日

一、竊查職部前奉撥發之銀元業已用罄，目前已感無法維持，擬懇鈞座再賜發給銀元伍萬枚，以資接濟。

二、伏祈示遵。

謹呈總統蔣

職胡宗南呈

● **總統蔣中正函電國防部參謀總長周至柔關於胡宗南懇再賜發**
　給銀元五萬枚以資接濟案（民國42年4月9日）

（代電）

國防部周總長勛鑒：

　　據胡宗南三月廿六日報稱，前奉撥銀元業已用罄，請再發銀元五萬元等語。大陳銀元津貼可繼續發給每月壹萬元，暫以五萬元為限，即在該部餘存銀元項下撥付可也。

蔣中正

卯有強信

● **國防部參謀總長周至柔奉令遵辦撥發江浙總部銀元每月壹萬元**
　（民國42年4月23日）

（簽呈）

事由：為奉令撥發江浙總部銀元每月壹萬元業已遵辦謹請鑒核

一、強信字第 2940 號代電奉悉。

二、關於江浙反共救國軍總指揮部本年經費，前奉鈞座三月廿八日軍事會談指示，每月津貼銀元壹萬元，暫以伍萬元為限，等因。本部遵於四月十日以潔溫字 2006 號令飭聯勤總部在餘存銀元內自本年四月份起按月撥付在案。

三、奉電前因，謹呈鑒核。

職周至柔呈

四二年四月廿三日

● **總統蔣中正電復國防部參謀總長周至柔關於撥發江浙總部銀元
每月壹萬元案（民國 42 年 4 月 24 日）**

（代電）

國防部周總長勛鑒：

四月廿三日潔溫字 2323 號簽呈，為撥發江浙總部銀元每月
壹萬元業已遵辦，請鑒核一案，悉。

蔣中正
卯有強信

三、胡宗南與反共救國軍

● 國防部核定成立江浙反共救國軍總指揮部（民國 40 年 3 月 17 日）

（代電）（40）救放字第 0225 號

事由：為核定成立江浙反共救國軍總指揮部希即編成具報由

受文者：胡總指揮宗南

駐地：台北市

一、茲核定成立江浙反共救國軍總指揮部，以江蘇、浙江兩省為
　　該總指揮部轄區，派胡宗南為總指揮，歸本部直轄，負該兩
　　省境內所有游擊部隊指揮作戰、編組訓練全責。

二、該總指揮部應指揮之部隊番號、兵力活動概況等另令飭遵。

三、茲隨令附發全國游擊部隊番號組織統一調整辦法一同份，
　　希即依照總指揮部組織系統表所定編組具報。

四、本件已抄副本送第一、二、三、四、五廳；部、總長辦公
　　室；大陸工作處第二、三、四組。

參謀總長周至柔

● 周至柔呈報准美員建議在大陳設立訓練機構（民國 40 年 9 月 17 日）

（簽呈）

事由：

一、查本（九）月五日准美員建議，在大陳設立訓練機構，抽訓江
　　浙沿海各游擊部隊，美員藍姆賽等且已動程前往大陳視察。

二、懇請核備。

謹呈總統蔣。

擬辦：原件呈閱，擬復悉。

職劉士毅呈

九月十九日

如擬。

蔣中正印

九、廿一

● 秦東昌請示總統蔣中正如何面報（民國 40 年 9 月 26 日）

（無線電）

　　密。總統蔣。職已周列竹嶼、南麂、洞頭、披山、漁山、一江、大陳各島，已於今日回大陳。是否即來台北面陳，抑或派鍾松、張銘梓代為來台面報？如何即請電令祗遵。

職秦東昌

申寢

總統府參軍長劉士毅擬辦簽註（民國 40 年 9 月 26 日）

原件呈核

秦東昌即胡宗南之化名。謹註。

職劉士毅（俞濟時代）呈

九月二十六日

◎ 秦東昌電復遵派鍾松、張銘梓兩同志前來奉謁（民國 40 年 9
　月 30 日）

（無線電）
　　即到總統府。密。總統蔣。申感乾凡電令奉悉，派鍾松、張
銘梓兩同志前來奉謁，明東日可到。敬聞。

職秦東昌

卅親

總統府參軍長劉士毅擬辦簽註（民國 40 年 9 月 26 日）
一、秦東昌即胡宗南。
二、申感電係覆胡宗南可仍留大陳，派員來台報告可也。謹註。

職劉士毅（俞濟時代）呈

十月一日

● **秦東昌呈報總統蔣中正上下大陳、洞頭、南麂三島有立即增強**
　兵力艦艇之必要（民國 40 年 9 月 29 日）

（報告）四十年九月廿九日於下大陳島
　　此次周列浙南沿海各島，經上下大陳、漁山、一江、披山、
洞頭、竹嶼、南麂諸島，觀察形勢，並與游擊部隊長及地方忠貞
志士洽談，深感上下大陳、洞頭、南麂三島地位優良，形勢險
要，對軍事價值極大，為便將來展開突擊及挺進工作，並為反
攻大陸計，有立即增強兵力艦艇之必要。謹列陳理由、辦法，
恭祈核示祗遵。
甲、理由
一、自舟山撤守，本區各島已成為台灣北部前線，敵如由滬、杭

泛海南犯，必侵越本區各島，與其於台灣近海截擊，不如拒
敵於遠方，為達成此任務，必須增加兵力，加強防務。

二、各游擊部隊裝備訓練雖差，但反共抗俄意志堅強，屢建戰功，
且對鈞座信仰極為堅定，奉命唯謹，如能利用本區各島嶼為其
訓練整補之基地，必能成長壯大，成為反攻大陸之先鋒。

三、匪共暴行愈急，民眾偕亡之痛亦愈堅，民心向首已極明顯，如
我增強各島防務，必使大陸民眾紛紛來歸，不僅我兵源充裕，
即在大陸之義民，亦必揭竿而起，促使匪偽政權及早崩潰。

四、政府既定國策厥為反攻大陸，國際形勢日趨於我有利，本區
各島密接大陸，實為反攻大陸之跳板，為迎接此即將來臨之
重大行動，亟須立予加強各島防務，並作切實積極之準備。

乙、辦法

一、大陳島為本區各島之核心及指揮中樞，又為海軍及支援游擊
部隊挺進突擊之基地，故必須加強守備。擬請迅派陸軍一師
（配屬砲兵一營、工兵一連）接替陸戰隊之任務，與現有海
軍協同作戰，足可固守，且能作積極行動。

二、洞頭地位重要，物產富庶，居民眾多，為反攻浙南惟一之
基地，亦為求兵求糧之惟一對象，惟地近大陸，隩口較多，
需要重兵駐守，並需要海軍艦艇之支援。擬請派陸軍一個師
（配實砲兵一營、工兵一連）進佔洞頭，方足為積極之行
動。惟其如此，盼在敵人未注意之前，祕密行動，迅速佔
領，則事半而功倍。若能因便利乘便襲擊黃大隩，進佔玉環
而威協溫州，則今日革命形勢必至改觀無宜疑。

三、南麂形勢良好，又為支持洞頭有力島嶼，可為海軍之良好基
地及游擊部隊整訓中心，請即派戰鬥團兩個團分駐南麂、北
麂守備。

四、關於海軍方面：

（1）請增設巡防處於南麂，轄二艦、三艇，以為確實控制
　　　溫州海面及支援洞頭守軍之作戰。

（2）設巡防艇隊於洞頭，轄砲艇三艘、機帆船二〇艘，直
　　　接歸洞頭守軍之指揮。

右項謹呈總統蔣。

職秦東昌呈

周總長，金門兩個戰鬥團增防准交胡總指揮之指揮可也。

9/10

● 大陳地區視察報告暨建議方案（民國 40 年 10 月 9 日）

大陳地區視察報告暨建議方案

甲

第一、前言

　　為確保此次視察行動之祕密起見，奉准以國防部視察組名義
周列各島宣揚鈞座德意，並期了解大陳區各部隊之實際狀況及戰
備情形，以策定爾後充實加強整備諸方案。謹將視察結果及建議
事項恭陳如后。敬祈鑒核。

第二、視察經過概要

　　本組於九月九日乘中練軍艦由基隆出發，十日抵達大陳港，
當即移駐大陳，分配視察業務。十一日起開始視察大陳指揮所，
並聽取各級業務人員防務報告，分別巡視上、下大陳陸戰隊第四
團之防禦配備工事設施及港嶼地形，迄至十七日，乃按左表所列
周巡各島視察宣慰，均能如期實施順利完成。

國防部視察組視察各部隊日程項目預定表

9.18-19

部隊番號	主官姓名	地點	里程	視察項目
反共救國軍第一〇一路軍	呂渭祥	披山	40浬	1. 宣慰 2. 軍事幹部坐談 3. 政工幹部坐談 4. 視察地形及工事設施 5. 訪問民情 6. 支隊長以上各別談話 7. 海島防禦戰術講話

9.20-21

部隊番號	主官姓名	地點	里程	視察項目
中華人民反共救國軍獨立第七縱隊	王祥林	洞頭	70浬	1. 宣慰 2. 軍事幹部坐談 3. 政工幹部坐談 4. 視察地形及工事設施

9.22

部隊番號	主官姓名	地點	里程	視察項目
中華人民反共救國軍獨立第二九縱隊	林篤弇	南麂	82浬	1. 宣慰 2. 軍事幹事坐談 3. 政工幹部坐談 4. 視察地形及工事設施

9.23

由南麂返大陳補給淡水

9.24

部隊番號	主官姓名	地點	里程	視察項目
反共救國軍第一〇一路軍	呂渭祥	漁山	35浬	1. 宣慰 2. 連登陸戰演習 3. 排戰鬥射擊 4. 游擊戰術講話 5. 幹部坐談會

9.25

時間	部隊番號	主官姓名	地點	里程	視察項目
9.25	中華人民反共救國軍獨立第三五縱隊	程慕頤	田嶴	30浬	1. 宣慰 2. 軍事幹部坐談 3. 政工幹部坐談 4. 視察地形及工事設施 5. 訪問民情

9.26

部隊番號	主官姓名	地點	里程	視察項目
中華人民反共救國軍獨立第七縱隊	王祥林	一江	12浬	1. 宣慰 2. 軍事幹部坐談 3. 政工幹部坐談 4. 視察地形及工事設施
中華人民反共救國軍獨立第二八縱隊	袁國祥	一江	12浬	
反共救國軍海上第一縱隊	張為邦	一江	12浬	

備考：該處無居民，部隊全住克難草屋。

9.27

部隊番號	主官姓名	地點	里程	視察項目
中華人民反共救國軍獨立第三六縱隊	王相義	大陳	本島	1. 宣慰 2. 軍事幹部坐談 3. 政治幹部坐談 4. 視察地形及工事設施 5. 訪問民情
中華人民反共救國軍獨立第二七縱隊	吳澍霖	竹嶼洋岐	4浬	1. 宣慰 2. 軍事幹部坐談 3. 政工幹部坐談 4. 視察地形工事設施 5. 訪問民情

備考：洋岐無居民，獨七縱隊之一部駐此，克難草屋為該部自建。
附記
一、里程欄內所列數字係以大陳為基點。
二、王之輝、朱炳奎、熊國和三部駐北麂，因軍艦補給淡水未能視察。

第三、各部隊現狀

一、人員

　　據各部隊冊報數計官兵一一、九一一員名，因本組視察重點不在點驗，實際人數或有差殊，惟其組合成分均為大陸愛國忠貞志士，不甘受匪壓迫，不畏艱苦，參加游擊，一般素質。幹部以獨七縱隊王祥林部較佳，第一○一路呂渭祥部次之；士兵素質以呂渭祥部為最佳，獨三十六縱隊王相義部次之。至各部隊兵員迄今未能充實之主原因，固為海上突擊大陸挺進有若干之損耗，然其主因仍在於不能自給自足，甚至少數部隊有因生活無著而自動遣散一部者有之，故政府在游擊隊未成長前，於編整訓練時期，應為按實際情形發給糧食並酌予補助，使其生活安定不愁生計，則兵員之充實短期內決無問題，即國軍所需兵源亦能獲致裕如而毫無疑義也。其兵員統計如附表第一。

附表第一　大陳地區各部隊人員統計表

部別	主官姓名	官兵人數	
		官佐	士兵
反共救國軍第一○一路軍	呂渭祥	504	2,830
中華人民反共救國軍第七縱隊	王祥林	450	1,245
中華人民反共救國軍第二十七縱隊	吳澍霖	541	1,591
中華人民反共國軍第二十八縱隊	袁國祥	92	288
中華人民反共救國軍第二十九縱隊	林篤弇	115	1,170
中華人民反共救國軍第三十五縱隊	程慕頤	388	796
中華人民反共救國軍第三十六縱隊	王相義	269	1,346
中華人民反共救國軍海上第一縱隊	張為邦	98	308
合計		2,407	9,504

附記：
一、官兵總數為一萬一千九百一十一員名。
二、表列數字係根據各部隊冊報。

二、武器

　　各部隊隊武器除一○一路呂渭祥部隊係由美方裝備較比整齊外，餘均種類龐雜、口徑不一，彈藥均不足，數量亦少，故各部隊徒手仍多，其現有數量如附表第二。

附表第二　大陳區各部隊現有武器統計表

大砲	第一○一路軍	獨七縱隊	獨二七縱隊	獨二八縱隊
37 戰防砲（門）				
日造二公分機關砲（門）			1	
47 迫擊砲（門）	4			
60 迫擊砲（門）	32	4		2
81 迫擊砲（門）				
82 迫擊砲（門）	8			
0.50 機關砲（門）				
12.7 機關砲（門）				
13 機關砲（門）				
25 機關砲（門）	9			
火箭砲（門）	5			
2.36 火箭筒（具）	30			
火箭筒（具）				
擲彈筒（具）				
槍榴彈筒（具）	40			5
20 機關砲（門）	15	4		

大砲	獨二九縱隊	獨三五縱隊	獨三六縱隊	海上第一縱隊	合計
37 戰防砲（門）				1	1
日造二公分機關砲（門）					1
47 迫擊砲（門）					4
60 迫擊砲（門）	2	2	6		48
81 迫擊砲（門）		2	8		10
82 迫擊砲（門）		1	5		14
0.50 機關砲（門）			2		2
12.7 機關砲（門）			1		2
13 機關砲（門）			1		1
25 機關砲（門）			1		10
火箭砲（門）					5
2.36 火箭筒（具）					30
火箭筒（具）			2		2
擲彈筒（具）		1			1
槍榴彈筒（具）			5		50
20 機關砲（門）					19

輕重機槍	第一〇一路軍	獨七縱隊	獨二七縱隊	獨二八縱隊
0.50 重機槍（挺）	20	4		3
30 重機槍（挺）	19	1		
65 重機槍（挺）		1		1
77 重機槍（挺）				4
79 重機槍（挺）		2	1	2
日式 92 重機槍（挺）				
97 圓盤重機槍（挺）				
92 圓盤重機槍（挺）	2			
30 輕機槍（挺）	180			1
38 輕機槍（挺）		5		
65 輕機槍（挺）	11		1	8
77 輕機槍（挺）		4		
79 輕機槍（挺）	46		6	20
92 輕機槍（挺）				
99 輕機槍（挺）				
303 輕機槍（挺）				
捷克式輕機槍（挺）		3		
白朗林輕機槍（挺）		5		
加拿大輕機槍（挺）				
762 輕機槍（挺）				2

輕重機槍	獨二九縱隊	獨三五縱隊	獨三六縱隊	海上第一縱隊	合計
0.50 重機槍（挺）				3	30
30 重機槍（挺）	2				24
65 重機槍（挺）					2
77 重機槍（挺）					4
79 重機槍（挺）					5
日式 92 重機槍（挺）			6	1	7
97 圓盤重機槍（挺）			3		3
92 圓盤重機槍（挺）	2	3			7
30 輕機槍（挺）			1	1	183
38 輕機槍（挺）			2		7
65 輕機槍（挺）		2			22
77 輕機槍（挺）			5		9
79 輕機槍（挺）			21	6	99
92 輕機槍（挺）			1		1
99 輕機槍（挺）	4				4
303 輕機槍（挺）		1			1
捷克式輕機槍（挺）		11			14
白朗林輕機槍（挺）				1	6
加拿大輕機槍（挺）					1
762 輕機槍（挺）					2

步槍	第一〇一路軍	獨七縱隊	獨二七縱隊	獨二八縱隊
半自動步槍（枝）	20			
自動步槍（枝）	25			
30 步槍（枝）	274	20		8
65 步槍（枝）			103	202
79 步槍（枝）	1,955	37	90	263
M1 卡柄步槍（枝）			10	
762 俄裝步槍（枝）				
77 步槍				
美造狙擊步槍（枝）				
改造 79 步槍（枝）				
38 式步槍（枝）		431		
卡柄步槍（枝）	1,050	60		
99 式步槍（枝）		124		
30 卡柄步槍（枝）				65
99 改造步槍（枝）				
M3 衝鋒槍（枝）	600			
37 衝鋒槍（枝）		33		
司登衝鋒槍（枝）				
90 馬林衝鋒槍（枝）	120			
45 衝鋒槍（枝）		10		29
39 式衝鋒槍（枝）				
加拿大衝鋒槍（枝）				
湯姆生衝鋒槍（枝）	1,612		6	
愛姆生衝鋒槍（枝）				

步槍	獨二九縱隊	獨三五縱隊	獨三六縱隊	海上第一縱隊	合計
半自動步槍（枝）					20
自動步槍（枝）					25
30 步槍（枝）		3		36	341
65 步槍（枝）		26	60		391
79 步槍（枝）			130	33	2,508
M1 卡柄步槍（枝）					10
762 俄裝步槍（枝）			16		16
77 步槍			400		400
美造狙擊步槍（枝）				4	4
改造 79 步槍（枝）		267			267
38 式步槍（枝）				88	519
卡柄步槍（枝）		9		15	1,134
99 式步槍（枝）	27				151
30 卡柄步槍（枝）		1			66
99 改造步槍（枝）	50				50
M3 衝鋒槍（枝）					600
37 衝鋒槍（枝）		30			63
司登衝鋒槍（枝）		2			2
90 馬林衝鋒槍（枝）					120
45 衝鋒槍（枝）		22	1		62
39 式衝鋒槍（枝）	26				26
加拿大衝鋒槍（枝）		30		5	35
湯姆生衝鋒槍（枝）		2	52	6	1,678
愛姆生衝鋒槍（枝）			2		2

手槍	第一〇一路軍	獨七縱隊	獨二七縱隊	獨二八縱隊
38 左輪（枝）	525			
2 號左輪（枝）				
左輪（枝）		40	1	
45 手槍（枝）	281	53	29	
90 加拿大（枝）	46			
卡爾登手槍（枝）				
日 14 式手槍（枝）			1	
日 94 式手槍（枝）				
763 木殼手槍（枝）				
10 響自來得（枝）			20	
20 響自來得（枝）			8	
赤字槍（枝）	2			
45 行動手槍（枝）	80			
暗殺手槍（枝）	40			
瞄準手槍（枝）	3			
手槍（枝）			71	
信號槍（枝）	10		5	2

手槍	獨二九縱隊	獨三五縱隊	獨三六縱隊	海上第一縱隊	合計
38 左輪（枝）					525
2 號左輪（枝）		4			4
左輪（枝）			8	41	90
45 手槍（枝）					363
90 加拿大（枝）			1		47
卡爾登手槍（枝）		24	23	7	54
日 14 式手槍（枝）	20		30		51
日 94 式手槍（枝）			10		10
763 木殼手槍（枝）			8	7	15
10 響自來得（枝）		6		1	27
20 響自來得（枝）				1	9
赤字槍（枝）					2
45 行動手槍（枝）					80
暗殺手槍（枝）					40
瞄準手槍（枝）					33
手槍（枝）					71
信號槍（枝）		4			21

三、船舶

　　各部現有船舶除少數租用者外，多係鹵自匪方之普通機帆船，故船質甚差，航速亦低，且數量太少，故各部隊之機動性亦感不足。其現有數量如附表第三。

附表第三　大陳區各部隊現有船隻統計表

四十年九月二十九日製

第一〇一路

船名	種類	噸位	馬力	時速（浬）	燃料	備考
清白艦	汽船	810	3,600	12	中柴油	赴台修理中
清白三號		40	70	7		
清白八號		50	115	8		
清白十二號		35	30	4		
突擊艇		15	30	7		

獨七縱隊

船名	種類	噸位	馬力	時速（浬）	燃料	備考
祥瑞	木殼機動	300		7	柴油	
萬星	機帆					在基隆待修中

獨立廿七縱隊

船名	種類	噸位	馬力	時速（浬）	燃料	備考
海蛟一號	機動	50		8	柴油	
海蛟二號		60		6		
海蛟三號		5		6		
海蛟四號	機帆	25		6	汽油	
海蛟五號		120		5	柴油	
新海平	機動	50		8		租用

獨立二十八縱隊

船名	種類	噸位	馬力	時速（浬）	燃料	備考
中興	日式木殼漁輪	95	75	7	輕柴油	聯勤總部徵用尚未收回
華義		95	75	7		
漁粵	美式鐵殼漁輪	130	240	9		
漁蘇	美式木殼漁輪	106	240	8		
濟華	木殼汽輪	187	115	5	重柴油	待修
德興		65	75	7		
江淮	機帆	55		6	輕柴油	

獨立三五縱隊

船名	種類	噸位	馬力	時速（浬）	燃料
萬昌	機輪	115	150	9	柴油
信和		100	150	10	
青雲	機帆	16	60	8	
興仁					
益三	機帆	50	120	15	汽油
新華		70	160	8	

獨立三六縱隊

船名	種類	噸位	馬力	時速（浬）	燃料
中益	鐵殼機動	140			
東方 36 號	機動				
華安	機帆	45			
義中		15			

海上第一縱隊

船名	種類	噸位	馬力	時速（浬）	燃料
萬慶	機帆	108	302	8	柴油
順慶		80	302	8	
永慶		10	151	8	
福雙安	機動	80	40	7	
豐運	貨船	195		6	
新永順	帆船	30			
馬和泰		25			
金崇慶		40			
金順利		40			

合計：機動 21、機帆 13、帆船 5

四、通信器材

除一○一路係由保密局配發數量較多外，餘船舶通信器材均感太少，第二十七、第二十九兩縱隊甚至一部電台均無，且各部程式不一，補充器材亦缺。其現有數量如附表第四。

附表第四　大陳區各部隊現有通訊器材統計表

四十年九月二十九日製

品名	數量	第一○一路軍	獨七縱隊	獨二十八縱隊
無線電				
CMS 收發報機	架	9		
SSTR 收發報機		9		
SSTRP4 收發報機		1		
15W 收發報機			2	1
65W 收發報機				2
2.5W 收發報機				3
V-101 話報機			3	
陸空對話機				
陣前喊話機				
發電機				
手搖發電機		20		
300VA 發電機		1		
800VA 發電機	部	1		
1SKVADC 發電機		1		
80W 整流器		3		
有線電				
六門交換機		1	1	
十二門交換機	部	1		
發電機		5	6	
被覆線	捲		21	

品名	數量	獨三十五縱隊	獨三十六縱隊	海上第一縱隊	合計
無線電					
CMS 收發報機					9
SSTR 收發報機					9
SSTRP4 收發報機					1
15W 收發報機		1	1	2	7
65W 收發報機	架				2
2.5W 收發報機		3			6
V-101 話報機					3
陸空對話機					
陣前喊話機					
發電機					
手搖發電機					20
300VA 發電機					1
800VA 發電機	部				1
1SKVADC 發電機					1
80W 整流器					3
有線電					
六門交換機			2		4
十二門交換機	部				1
發電機			10		21
被覆線	捲		15		36

五、主副食

各部隊冊報官兵總計一一、九一一員名，已領主食者不足半數五、二三七人份，不敷六、六七四人份，故各部多減為每人每日十八兩至二十二兩，有時以蕃芋乾及豆餅充飢。副食因無補給，大多以鹽水下飯，有時利用操課之餘撈取海螺等佐餐，絕少吃油類及青菜，故一般均營養不良。

六、被服

除三十六縱隊王相義部有六百人之被服補給外，餘均無補給，全賴鹵獲匪方物資。但自匪方採集體護航後鹵獲困難，故今冬棉衣均束手無策。而大陳地區氣候較寒，入冬季後氣溫常在零

下三度，目前已寒風刺骨，各部隊官兵尚短褲單衣，其刻苦精神雖然堅強，但究係血肉之軀，致疾病叢生。

七、兵力駐地

大陳區游擊部隊計有十一個單位，因各謀生計擴展勢力，遂致駐地雜處，麇集一島，毫無防區及戰備之可言。且編組既異，兵力多寡不一，各自為政，互相傾軋，不僅游擊工作無法展開，即民眾亦不勝其困擾。故駐地調整必先解決其補給問題，然後依據各游擊單位環境與戰力分別予以調整，方可順利推行，達成靈活指揮運用之目的。其現在兵力駐地如附表第五。（略）

八、工事構築

上下大陳島之防禦工事，除國防部已撥發半永久工事材料兩營份，尚有一部未能運抵大陳外，所有已完成工事因材料不足不合標準，位置選定失當，死角尤大，且多著眼於山頂之構築，位置極為暴露，對於可能登陸點之隘口封鎖工事均付缺如，無殲敵於水際之準備；副防禦設備僅有少數之鐵絲網及地雷，並無強韌阻抗能力。其他各島則因材料及工作器具缺乏，僅有少數野戰工事，甚至毫無工事設施者，有亟予修整增強之必要。

九、教育訓練

各部隊教育一般不夠水準，除呂渭祥部有美人四名專負兵器訓練外，其餘各部隊大都雙手空虛徒具形式，且多著重於制式教練，甚至有少數部隊以全副精神從事於捕魚割草者，故教育訓練一項為目前必須解決之問題。

十、政工

目前各游擊部隊政治工作未能整齊步調，致效能不著，各單位政工幹部非常缺乏，政工人員亦多良莠不齊，大都未受政工訓練，且多無部隊政工經驗，縱隊與路政治部主任過去充任行政機關會計出納稅務員，或國軍特務長副官者頗不乏人。用人方面抱奴才主義，濫竽充數，祇求表面服從，造成今日游擊政工幹部水準素養及工作能力的低落。由於政工幹部不健全，以致對群眾失去連繫，對同事失去互信，對士兵失去信仰，更遑論工作開展，一部份游擊部隊長忽略了政治工作，對於敵後一切組織工作均未著手佈置，各種檢討批評、研究討論等小組會議風氣尚未養成，防奸肅諜工作一般都未認真辦理。好在各部隊士氣旺盛，反共情緒高漲，至目前止，凡我游擊部隊大都能做到「忠」、「義」兩字，率部投匪及被俘者甚少，然因戰敗而自殺者甚眾，此可謂我中華民族正氣的高度表現，是反共前途光明的好現象。

十一、衛生

各部隊及地方均無醫療之設備，不僅戰鬥負傷者不得適切治療，即平時患病亦無處診治，加以官兵營養不良，禦寒無衣，環境衛生欠佳，致腸胃、感冒、瘧疾、皮膚病等患者特多。

十二、其他

1. 營舍

   除第七縱隊王祥林部在一江建有茅草之營房外，餘均散居民家。

2. 飲水

   各島均賴天雨後山溝積水供飲用，因無蓄水池之設

備，故水量不豐，水質不良。

3. 燃料

以茅草、木柴為主，除大陳島因人口過多，茅草、木柴價昂外，其他各島尚足自給。

第四、匪我態勢

〔缺略〕

第五、兵要地誌

查浙江沿海為我佔領之島嶼，以大陳為中心，北自漁山，南迄南麂，計大小二十一島，南田以北各島則為匪我活動區域，未能完全控制。

漁山北控象山，可以監視舟山嵊泗匪艇之活動，為北翼側後之據點。田嶴、頭門、一江、竹嶼諸島為大陳之外圍，可以封鎖三門、椒江兩口，且為挺進大陸最易登陸區域。上、下大陳為諸島商漁業之中心，海軍之良港，訓練陸軍之基地；披山為大陳與南麂之連絡站，在軍事上亦頗有價值。

洞頭島北接披山，鄰近大陸，可以控制封鎖甌江口外匪之一切活動，可以挺進大陸直趨溫州，且該島人口較多，出產豐饒，適於兵源及經濟條件，為我必須確保之要地。

南麂島地介閩浙要衝，港灣良好，淡水充裕，昔為鄭成功訓練海陸軍之場所，其軍事價值超越於大陳之上，為我目前重要基地之一。其漁山、大陳、披山、洞頭、南麂等詳細兵要及現況可參照附圖第二、第三、第四、第五、第六。

乙

第六、地方概況

一、戶口

　　浙江沿海現為我游擊隊控制之島嶼，總計有二萬零四百五十餘戶人口，約共七萬零三百餘人，茲將各縣所屬島嶼戶口分佈情形分敘於後。

1. 定海縣屬東福山全島約一五零戶，民眾六百餘人。

2. 象山縣屬南韮山全島約二十戶，民眾四十餘人。

3. 三門縣屬漁山島，分南、北兩山，約一百八十戶，計六百五十人。檀頭山約六百戶，民眾二千人；貓頭山二十戶，五十餘人。

4. 臨海縣屬蔣兒嶴全島約六十戶，民眾二百八十人；田嶴島五十戶，一百二十四人；頭門島七十餘戶，一百四十二人；一江島原無居民，現經我游擊隊開墾建有克難營房。

5. 溫嶺縣屬上、下大陳及竹嶼三處共計二千餘戶，一萬四千三百餘人。

6. 玉環縣屬洞頂、披山等島，轄東屏鎮三盤、南璞、黃嶴、鹿倉、元覺、霓嶼、披山等鄉共一萬五千餘戶，四萬六千餘人。

7. 瑞安縣屬北麂島計五百餘戶，一千五百五十餘人。

8. 平陽縣屬南麂島計一千八百餘戶，五千五百餘人。

二、地方機構

　　浙江沿海地方機構除溫嶺縣政府仍設在境內，大陳島由王相義兼任縣長經常推行政令外，其餘三門、臨海、定海三縣雖有縣政府名義存在，但均已撤離縣境，其他各縣目前已無縣治。

三、民眾組訓

　　各島嶼民眾反共意志頗堅，自舟山撤守後，一切行政因無統

一指揮領導機構，故對民眾組訓事宜已無形隨之停頓。

四、教育文化

浙海各島嶼因國民教育未曾普及，現有國民小學校僅溫嶺縣相義中心一所，保校二所；玉環縣東屏、三盤、霓嶼等三鄉鎮，中心、國民學校各一所，保校共九所，設備均非常簡陋。其餘島嶼均未設立學校，民眾不識字者約百分之九十以上，學齡兒童因迫於家貧苦而失學者比比皆是。人民大都淳厚，惟文化落伍、知識水準極低。

第七、經濟交通狀況

一、物產

物產以海產為主，多黃魚、墨魚、帶魚、鰻魚、海蜒、淡菜、蝦蟹等，年產量迄無精確統計，大約為一萬擔以上。惟自大陸陷匪，近來漁船時受襲擊，並遭游擊隊之擾奪恆船貨俱失，甚或性命不保，致漁民裹足不前，產量大減。農產為蕃薯較多，稻、麥、花生次之，年產各島不一，平均可供三月食用。礦產尚未探測，林業全無。

二、商情

各島嶼中除下大陳及洞頭有少數商店外，其餘均無市肆，漁民捕獲之魚多運銷溫州、松門、金清、港海門、沈家門及上海各地，易取米、柴、油、鹽、布疋、皂燭等日用必需品。大陸棄守後，難胞絡繹來歸，部隊相繼駐紮，人口激增，商品日趨繁榮，但以來路困難，物價昂騰，較之台北幾達倍餘。

三、交通

各島間航運端賴漁船，現與大陸交通幾已隔絕。至於與台灣方面亦無定期航船，祇有海軍艦艇及游擊隊機帆船航行其

間。電訊方面除少數機關設有電台外，商民與外界無法通電。下大陳雖設有郵政代辦所，惟因無定期航輪，業務頗難展開。

四、人民生活

大陸封鎖後魚產銷路滯縮，人民收入大減，而日用必需品價格高昂，致入不敷出。食糧、衣料尤形缺乏，家無隔宿之糧，身無禦寒之衣比比皆是，故生活日趨困難，大有饑寒交迫、無以為生之勢。

第八、建議事項

一、軍事部分

1. 部隊整編

以保留原有單位逐漸充實戰力為原則，如政府對其補給問題獲得解決後，依照編制核實點發，並依實際環境嚴令分期編補足額，如逾限或不遵規定毫無效率者，得依情節輕重予以縮編或取締之。

2. 補給改善

（1）主副食

為保持部隊戰力，擬請按實有人數七、一五七人發給主副食。

（2）被服

為減少無謂犧牲，擬請按實有人數發給被服。

（3）械彈

為充實戰力，擬請調整換發補充新武器。

（4）通信器材

擬請發一百瓦或七五瓦電台六部，十五瓦電台十一

部，二瓦半情報台十六部，海底電線五千公尺（上、
下大陳間電話用）及一個軍編制用有線電器材。

（5）船舶

為加強部隊機動性，使之在海上能「游」，擬請撥配
機動船隻，另案申請。

（6）醫院衛材

為部隊之保健及戰鬥間傷患之療治，擬請撥配野戰
醫院一個附手術組，並按部隊編制調派醫務人員及配
發醫藥器材，對營養不良及呼吸系病藥材須酌增發。

（7）營舍

營舍建築雖可由各部隊自行修築，但所需竹木、鉛
絲、鐵釘、工作器具等項，擬請核發。

（8）倉庫

各島民房稀少，且多草棚，不適儲藏糧彈，但在各基
地中必須儲備糧彈以應需要，因海上氣候變化殊大，
交通時阻，運補困難，故擬請撥建活動倉庫。

（9）碼頭

各島均無碼頭設備，人員、物資運抵目的地，尚須用
小舢板駁運，不僅時間不經濟，物資損耗過大，增多
駁運費，且較重物體即無法轉移岸上。加以稍有風
浪，即無法駁運，如遇緊急情況，影響殊大。故在
上、下大陳、洞頂、南麂等基地應建築永久性碼頭，
其他各島建築簡易碼頭。

（10）蓄水池

為改善各島飲水及儲水，擬請發給水泥一〇〇噸，由
各島部隊自行修建蓄水池及導水溝。（刻部隊駐守島

嶼大小廿餘處）

（11）油料

各部現有機動船三十五艘，平均每月每船耗油一〇噸，計需三五〇噸，擬請按月撥發。

（12）燃料

目前部隊雖勉可依賴茅草做炊，但如普遍建造營舍即需用大量茅草，且將入冬，野草不生，故燃料無法解決，擬請按實有人數撥發燃煤。

3. 基地防衛

一、查大陳、洞頭、南麂三島為我目前浙江沿海發展游擊力量、挺進大陸之重要基地，為確保該地以支持游擊部隊之海陸活動起見，應即派遣步兵兩師及戰鬥兩團兵力進駐各該島，並構所要工事，俾資防守，以利作戰。

二、擬編海上突擊艇隊，以三千人為基幹，配合海軍編成之所需船艇，懇由聯勤總部按左列數量予以徵撥：

1. 商用 TSM 美字號登陸艇二艘。

2. 百噸至百五十噸機帆船二十隻。

3. 六十匹馬力操舟機三十只。

4. 水上救生袋或救生衣三千套。

並請配賦各船艇本身自衛所需之武器裝備。

三、為掩護該艇隊突擊活動，並加強海軍之海上巡防起見，懇由海軍總部增派 CMB 魚雷快艇兩艘，駐大陳服勤。

四、查大陳、洞頭兩島如期固守，各須加強兩團工事，請撥發四團份半永久工事材料，分運各該地點，俾資構築。

4. 增設訓練機構

現各部隊亟須統一訓練，增強戰術戰鬥技能，迅速達成此種目的，故應設立幹部、政工、參謀、通信情報各短期訓練班，以期養成反共抗俄必勝之信心，奮發充溢之攻擊精神，成為三民主義奮鬥之革命戰士，其訓練計劃另定之。

二、政治部分

1. 建立游擊政工制度

游擊部隊政工制度宜從速確立，對於政工組織體系與各級政治機構編制以及人事制度，應有詳細規定。高級政工幹部，擬請國防部加派；中下級幹部，由總部設立幹訓班，招考當地優秀青年受訓後派充，並繼續調訓原有人員受政治養成教育，藉以加強政治領導，執行本黨現行政策，貫澈上級命令，以及助長游擊部隊的發展。

2. 規定政工職權

游擊政工職權的劃分、基本的任務工作的要領，以及工作的範圍，並請詳細規定，使政工人員辦理業務有所依據。

3. 統一籌劃政工經費

經費為一切事業的基礎，事業成功與否，均建築於此。各單位游擊政工經費刻無著落，應請統籌撥發，以利工作所需。特種器材擬請國防部配發。

4. 充分供應各部隊精神食糧

各部隊分佈島上以交通所限，消息隔絕，對於國際形勢、國內時事根本無以瞭解，擬請國防部盡量配發反共書刊以及一切政工資料，按期逐寄總部分發，以加強官兵的政治認識。

三、地方行政部分

1. 就現有島嶼所屬縣境分別成立縣政府

浙江沿海現有島嶼分隸於定海、象山、三門、臨海、溫嶺、玉環、瑞安、平陽等八縣，擬先各成立縣政府，恢復縣治，使人民有所依據，一切戰時政令可以逐步推行。

2. 統一訓練地方行政幹部

由總部成立東南幹訓班，以就地取材為原則，吸收當地優秀青年加以嚴格的革命教育，分發各縣府任用，並經常調訓各級地方行政機關及地方自治機構幹部，汰弱留強，予以適當的調整，絕對革除過去政府的一切弊竇，以樹立革命的新作風。

3. 簡化行政機構與手續

行政機構省政府以下設立縣政府，縣以下為自治機構，一切設施均需配合戰時需要，縣政府酌量當地情形得分設下列科室。茲將各科室隊職掌分擬於後：

第一科：辦理民政、教育、社會、役政、情報、
　　　　保防。

第二科：辦理經濟、財務、糧政、合作、建設、
　　　　交通。

祕書室：辦理總務、祕書、會計、出納等事宜。

軍法室：辦理軍法事務並兼理司法。

警察隊：主管公安警衛及環境衛生。

衛生隊：辦理衛生醫務及衛生事務。

縣並設立反共自衛總隊部，由縣長兼總隊長，在軍政一元化之原則下，配合政府防衛地方，確保島嶼，主管全縣軍事和民眾組訓暨動員民眾等工作。

一切行政手續應盡量簡化，絕對革除過去公文遲緩積壓弊端，力求節省人力物力，不講求形式，不浪費時間，務必做到迅速確實和實〔缺頁〕不能置之化外，棄之不顧。請由物調會依照人口按期平價供應日用必需品，以救濟民生。

2. 請農復會配發農具、種籽、肥料及貸款，以增進農產。

各島嶼居民素以捕魚為業，不事農林、畜牧，故農產、林木、果樹、蔬菜、牛、羊、豬、雞均極缺少，現以共匪滋擾，漁業減縮，民多遊閑，正宜乘時種植，從事農產，請農復會依荒地面積配發農具、種籽、肥料及貸款，以增進農產。

3. 請農復會及漁管處舉辦漁貸，以改良漁業。

各島漁民既乏充裕資本，又無現代技能，故多墨守陳法，故步自封，對於漁船、漁具、漁鹽無力購置，關於漁撈製造、運銷無法改進，致魚產日減，生活日窘，請由農復會及漁管處舉辦漁貸，以改良漁業。

4. 請主管部設立郵政電報局，以利通訊。

洞頭及大陳居民眾多商，繁榮經濟，日漸發展，請主管部在兩地分別設立郵政電報局，以利通訊。

第九、結論

查我大陸淪陷，舟山撤守，大陳區各島已形成防衛台灣之北部前線，匪軍如由滬杭泛海南犯，必須侵越本區各島，與其於台灣近海截擊，不如拒敵於遠方，為達成此神聖之任務，增強兵力，加強防衛，實為當務之急。

附圖第一 大陳地區匪我態勢要圖（四十年九月廿九日）〔略〕

附圖第二　北漁山兵要地誌圖（四十年九月廿九日）〔略〕
附圖第三　大陳島兵要地誌圖（四十年九月廿九日）〔略〕
附圖第四　披山兵要地誌圖（四十年九月廿九日）〔略〕
附圖第五　〔略〕
附圖第六　〔略〕

◎ 總統府參軍長劉士毅擬辦簽註（民國 40 年 10 月 15 日）

原件呈閱

　　奉交審查胡宗南所呈大陳地區視察報告及建議一件，謹摘報
擬辦如左。

職劉士毅呈

四十年十月十五日

中華民國四十年拾月拾七日

內容摘要	擬辦	批示
甲、各部隊現狀 　一、人員武器器材：據各部冊報數計官兵一一、九一一員名，組合成份均為大陸愛國忠貞志士，素質以王祥林部、呂渭祥部為佳，各部兵員未能充實之主因，在於不能自給自足，甚至有因生活無著而自動遣散一部者，如按實際情形發給糧食並酌予補助，使不愁生計，則兵員之充實，短期內決無問題。武器彈藥均不足，船舶通信器材均感太少。 　二、生活：官兵已領主食者不足半數，故減為每人每日十八兩至廿二兩，有時以蕃芋乾及豆餅充飢，多以鹽水下飯，絕少吃油類及青菜，故營養不良，被服除王相義部有六百人之被服外，餘均無補給。匪方採集體護航，鹵獲亦困難，故今冬棉衣均束手無策，而大陳冬季常在零下三度，目前已寒風刺骨，各部官兵尚短褲單衣。 　三、兵力駐地：大陳區游擊部隊計有十一個單位，因各謀生計，致駐地雜處無防區及戰備之可言，不僅游擊工作無法展開，即民眾亦不勝其擾，故駐地調整必先解決其補給問題。	甲、呈閱	內批

內容摘要	擬辦	批示
四、工事構築：上、下大陳島之工事，國防部已發半永久工事材料兩營份，其已完成工事不合標準，位置失當，死角大，位置暴露，其他各島僅有少數野戰工事。 五、政工：各位政工幹部缺乏，政工人員良莠不齊，大都未受政工訓練，濫竽充數，致對群眾失去連繫，對同事失去互信，對士兵失去信仰。		
乙、地方概況 一、民情：浙江沿海現為我控制之島嶼，人口約共七萬零三百餘人，除溫嶺縣政府仍設在境內大陳島由王相義兼任縣長外，其餘已無縣治，民眾組訓事已停頓，人民淳厚，文化落伍。 二、經濟交通狀況：物產以海產為主，惟近來漁船時受襲擊，並遭游擊隊之擾，致產量大減。農產為蕃芋、花生，年產平均可供三月食用。商品以來路困難，物價昂騰，較之台北幾高達倍餘。各島間運航端賴漁船，現與大陸交通幾已隔絕，與台灣亦無定期航船，祇有海軍艦艇及游擊隊機帆船航行。 三、人民生活：魚產銷路滯縮，人民收入大減，日用品價格高昂，食糧衣料尤形缺乏，大有饑寒交迫無以為生之勢。	乙、呈閱	
丙、建議事項 一、軍事部分 1.增設訓練機構：現各部隊亟須統一訓練，增強戰術戰鬥技能，故應設立幹部、政工、參謀、通信、情報各短期訓練班。 2.建立游擊政工制度：游擊部隊政工制度宜從速確立，對於政工組織體系與各級政治機構編制以及人事制度，應有詳細規定。高級政工幹部擬請國防部加派，中下級幹部由總部設立幹訓班，招考當地優秀青年，受訓後派充，並調訓原有人員，並統一籌劃政工經費，供應各部隊精神食糧。 二、地方行政部份 1.就現有島嶼所屬縣境，分別成立縣政府。浙江沿海現有島嶼分隸於定海等八縣，擬先各成立縣政府，推行政令。 2.統一訓練地方行政幹部，由總部成立東南幹訓班，就地取材，調訓各級地方行政機關及地方自治機構幹部。 三、黨務部份 1.設立各級黨務機構。 2.辦理部隊黨員歸隊。 3.吸收新黨員。	一、擬均交周總長核辦。 二、擬交行政院核辦具復。 三、黨務部份意見似可採用，擬交中央改造委員會辦理具復。	一、如擬 三、如擬

內容摘要	擬辦	批示
四、經濟部份 1. 請物調會平價供應日用必需品，以救濟民生。 2. 請農復會及漁管處舉辦漁貸，以改良漁業。 3. 請農復會配發農具、種籽、肥料及貸款，以增進農產。 4. 請主管部設立郵政電報局，以利通訊。	四、擬交行政院核辦具復。	

● **國防部參謀總長周至柔呈簽增防金門兩個戰鬥團交胡宗南指揮（民國 40 年 10 月 23 日）**

（簽呈）

事由

一、奉交下胡總指揮宗南四十年九月二十九日報告一件，暨批示「金門兩個戰鬥團增防，准交胡總指揮之指揮可也」，奉悉。

二、遵即電飭鍾組長常青即行準備，茲據酉篠午英電復，請即飭迅開上大陳等情。

三、除復鍾組長常青准予照辦外，並另以酉皓戡截電飭金門胡司令官，著將第五軍、第十八軍兩個戰鬥團開上大陳，歸鍾組長常青指揮，並限酉感以前開拔。

四、恭祈鑒核。

謹呈總統

職周至柔呈

◎ 金門兩戰鬥團支援大陳歸鍾組長指揮並限酉感以前開拔（民國 40 年 10 月 23 日）

（呈閱）

（1）奉鈞座面諭，由金門抽調一個軍官戰鬥團開赴大陳接替陸

戰隊防務，等因。

（2）遵查金門現有第五軍、第十八軍兩個戰鬥團，內中第十八軍戰鬥團甫於前（五）月底開抵金門；第十九軍無戰鬥團。據胡司令官面報，可調任何一個團。茲擬調第五軍戰鬥團接替大陳防務，除檢討該團武器，另予加強外，該團是否即日開大陳，抑待胡總指揮到達大陳後，再行開拔？敬祈核示。又為保持大陳戰力起見，原陸戰隊砲兵一個連，擬飭仍留大陳，暫歸戰鬥團指揮。當否？併乞鑒核。

謹呈總統蔣

準備第五、第十八各軍兩個戰鬥團調開赴大陳，歸胡宗南指揮，並限本月底完成準備，待命開拔。

中正

七月九日

● **國防部參謀總長周至柔呈簽對胡總指揮宗南請求各事項審議意見（民國 40 年 11 月 1 日）**

一、奉交下胡總指揮宗南先後簽呈，請求增派陸、海軍及各種裝備補給品、後勤設施等，以加強大陳、洞頭、南麂諸島嶼防務，並飭分別撥發核辦。

二、遵就本部能力所及分飭辦理，但以上諸島嶼之設防問題，似宜統盤檢討。謹綜合胡總指揮請求各項及本部辦理經過及研究意見如附件，備文恭請核示。謹呈總統。

附呈：對胡總指揮宗南請求各項審議意見

職周至柔呈

四十年十一月一日

◎ 總統府參軍長劉士毅擬辦簽註（民國 40 年 11 月 3 日）

一、周總長十一月一日簽呈：奉交下胡總指揮宗南先後報告，請
　　求增派陸、海軍及各種裝備補給品、後勤設施等，以加強大
　　陳、洞頭諸島嶼防務，並飭分別撥發核辦。遵就本部能力所
　　及分飭辦理，並綜合胡總指揮請求各項辦理經過及研究意見
　　如附件。

二、謹摘報並擬辦如左表。恭請核示。（附呈原附件）

胡宗南請求事項	周總長審議意見	周總長辦理情形	本組	
			附註	擬辦
一、大陳、洞頭兩地，請各派陸軍一師增防（各配屬砲兵一營，工兵一連）。南麂、北麂請派戰鬥團兩團分駐該兩島。	一、根據大陳及洞頭等島嶼在戰略上之價值及我軍之目的，決定設防之政策與程度，以免枝節應付，茲研究如下： 1. 大陳距海門廿八浬，距基隆二四〇浬；洞頭距基隆約一八〇浬。其幅員上、下大陳面積均為七平方餘公里；洞頭為二五平方公里。兩地純山地，多露岩，無公路樹木，飲水困難。 2. 依胡總指揮建議；陸軍增派兩師，海軍增派艦艇，建築港灣碼頭，並開設訓練班，此諸種設施，似非台灣所能負擔，而目下匪空軍已較我優勢，一旦我海軍遭受打擊，此兩師即將陷於困境，無法救援。 3. 若專為保守各該島，以為將來進攻之據點，殊無增派兩師部隊及各項建設之必要，即以現在新派之戰鬥團兩團，已足守禦。 4. 匪空海軍主力如不南下，則目下兵力足可守禦；如南下，則我海軍必須後撤，斯時島上守軍愈多，犧牲也愈大。 5. 如韓戰和談結束，匪將轉用兵力進攻台灣，此時我軍應集中兵力於本島，以求決戰勝利，免再犯過去守點守城兵力分散之錯誤。 二、對胡總指揮各項請求之意見，以現派之兩戰鬥團配合游擊隊足可守禦，不宜再增兵力，因之： 1. 對於兩戰鬥團及當地游擊隊所需裝備、補給、通信、衛生以及工事材料等，除運補外，爾後當盡可能繼續補給，並予以優先加強。 2. 對於所請增派之海、陸軍部隊，以及各項建設與各項訓練班之開設，擬不予核准，但由美方協助辦理之游擊訓練，應准照辦。 3. 對於各島及各該方面之大陸游擊部隊之增強裝備與增加突襲艇等，擬與美方商洽，盡力爭取外援辦理之。	請增派陸軍兩師增防一節，擬不予核准。請派戰鬥團兩團一事，已電飭金門胡司令官，派第五、第十八兩軍戰鬥團限 10/27 調駐大陳。	一、請求事項一至七項，係胡宗南於 7/30、9/29、9/30 先後呈鈞座之報告，均經鈞座批交周總長核辦者；第八項係胡員於 10/17 逕電周總長請求者；九至十三項係於 9/30 報告黃總司令請求者。 二、周總長 10/23 簽呈，第五軍、第十八軍兩戰鬥團，已電飭金門胡司令官，著開上大陳，並限 10/27 以前開拔，經呈鈞閱在案。茲據國防部第三廳稱，該兩戰鬥團因受風阻，遲延至本（十）月卅一廿時，由金門發航。 三、大陳工事已於三十九年十一月間，已撥運兩個營份半永久工事材料。另水泥 150 噸，經呈奉鈞批復悉在案。 四、關於請求事項之七，建立游擊政工制度等事宜，經詢國防部，據云，該部已於 9/28 頒發「游擊部隊政治工作綱領」一書，內對政工制度、政工組織體系與各級政治機構體系，以及人事制度，均有詳細規定。	擬准如擬辦理。

胡宗南請求事項	周總長審議意見	周總長辦理情形	本組	
			附註	擬辦
二、增設海軍巡防處於南麂，設海軍巡防艇隊於洞頭。		擬不予核准。		擬准如擬辦理。
三、游擊部隊實有官兵七、一五七名，請核實補給，並撥發棉軍服七、一五七套。		七、一五七人之主食，已由本部補給；所需冬服，已飭聯勤總部撥發一萬一百零五套，交大陸工作處分配，對大陳區當按實際數配發。		呈閱。
四、大陳、洞頭兩島，各須加強兩團工事，請發四個團用半永久工事材料。		過去已撥運兩個營份半永久工事材料，另水泥150噸；刻又撥運一個營份半永久工事材料，於十月五日飭由海軍總部帶達大陳。		呈閱。
五、擬編海上突擊艇隊，以三千人為基幹，所需船艇及水上救生衣請予以徵撥。又為掩護該艇隊之活動，請增派CMB魚雷快艇兩艘，駐大陳服勤。		擬與美方商洽盡力爭取外援辦理之。		擬准如擬辦理。
六、請設立幹部、政工、參謀、通信、情報各短期訓練班。		擬不予核准，但由美方協助辦理之，游擊訓練應准照辦。		擬准如擬辦理。
七、請速建立游擊政工制度，高級政工幹部擬請國防部加派，中下級幹部由總部選優派充，並統一籌劃政工經費。				「游擊部隊政治工作綱領」對胡部有無頒發並實施，擬飭查明具報。
八、請配發兩個營之軍用帳幕。金門兩戰鬥團請配賦二五及四〇米厘機關砲五十門，及兩個月份之預備彈藥與糧食，工作器具亦請配足。		已撥運帳幕九十頂，足敷兩營之用。兩戰鬥團武器均按編制補足，所請二五及四〇米厘機關砲，庫無存品，擬俟二〇米厘機關砲腳架配好，另案撥發五〇挺。工作器具原按配賦數補列八成，所缺二成，已飭聯勤總部補足，二個月糧食亦飭該部撥運大陳備補。其攜行彈藥，已電飭金門防衛部配發，屯彈已飭聯勤總部撥運。		呈閱。
九、請配野戰醫院一個及衛材。		已飭聯勤總部編組衛生組一個，速調大陳開設作業。		呈閱。

胡宗南請求事項	周總長審議意見	周總長辦理情形	本組	
			附註	擬辦
十、請配發五百至一千噸運輸船兩艘，並請派員在上、下大陳、洞頭、南麂諸島勘測，各建碼頭一處。		擬不予核准。		擬准如擬辦理。
十一、請撥一百瓦或七十五瓦電台六部，十五瓦電台十一部，二‧五瓦情報台十六部，海底電線五千公尺（上、下大陳間電話）。		已另計劃籌撥。		擬飭速計劃籌撥。
十二、大陳地區各部隊現有機動船共卅五艘，每艘每月耗油十噸，擬請每月發三五〇噸。				
十三、請發給水泥一百噸，俾建築蓄水池。				

本組附註：

一、請求事項一至七項，係胡宗南於 7/30、9/29、9/30 先後呈鈞座之報告，均經鈞批交周總長核辦者；第八項係胡員於 10/17 逕電周總長請求者；九至十三項係於 9/30 報告黃總司令請求者。

二、周總長 10/23 簽呈，第五軍、第十八軍兩戰鬥團，已電飭金門胡司令官，著開上大陳，並限 10/27 以前開拔，經呈鈞閱在案。茲據國防部第三廳稱，該兩戰鬥團因受風阻，遲延至本（十）月卅一日廿時，由金門發航。

三、大陳工事已於三十九年十一月間，已撥運兩個營份半永久工事材料。另水泥 150 噸，經呈奉鈞批復悉在案。

四、關於請求事項之七，建立游擊政工制度等事宜，經詢國防部，據云，該部已於 9/28 頒發「游擊部隊政治工作綱領」一書，內對政工制度、政工組織體系與各級政治機構體系，以

及人事制度，均有詳細規定。

本組擬辦：

事項一：擬准如擬辦理。

事項二：擬准如擬辦理。

事項三：呈閱。

事項四：呈閱。

事項五：擬准如擬辦理。

事項六：擬准如擬辦理。

事項七：「游擊部隊政治工作綱領」對胡部有無頒發並
　　　　實施，擬飭查明具報。

事項八：呈閱。

事項九：呈閱。

事項十：擬准如擬辦理。

事項十一至十三：擬飭速計劃籌撥。

職劉士毅呈

四十年十一月三日

如擬。

中正

中華民國四十年十月拾四日

● **國防部參謀總長周至柔呈簽調整大陳指揮機構及防務撤銷海軍大陳指揮所（民國 40 年 11 月 14 日）**

（簽呈）

一、十一月一日戡截字第三八五號簽呈計呈。

二、據海軍總部迭次呈請將現在大陳之海軍陸戰隊調回台灣，並請撤銷海軍峽北區之大陳指揮所。

三、查大陳原由陸戰隊第四團（欠第一營附砲兵一連）及王相義部守備，歸海軍峽北區之大陳指揮所指揮。現江浙反共救國軍總指揮部已於十月二十五日在大陳成立，第五、第十八軍兩戰鬥團亦於十一月二日開抵大陳，是故大陳現有兩個指揮機構，亟宜予以調整。

四、關於大陳方面之統一指揮問題，本部曾於本年四月七日奉准預定將海軍大陳指揮所撤銷，改為國防部大陳指揮所，並內定以胡總指揮兼任該所主任。目前因尚未到達反攻階段，為避免外交上引起注意計，除擬將海軍大陳指揮所撤銷外，對國防部大陳指揮所擬不成立，胡宗南即以江浙反共救國軍總指揮名義駐大陳，指揮該地區守備部隊及游擊部隊。至於海軍大陳指揮所撤銷後，該地艦艇統歸海軍溫台巡防處（現駐大陳）指揮，該巡防處並兼受胡總指揮宗南區處。

五、海軍總部所請將駐大陳之陸戰隊第四團（欠第一營附砲兵一連）調回台灣加強兩棲作戰訓練一節，確屬需要，惟以第五、十八軍兩戰鬥團初到，對大陳方面一切情況，均不熟悉，擬暫緩調整。前據台灣防衛總部孫總司令四十年七月一日綢輕字第五七六號代電，以馬祖守備兵力較大，曾建議減少兵力，擬於本年十二月或明（四十一）年一月，由馬

祖第十三師抽出一個步兵營開大陳，接替該地海軍陸戰隊之
任務，並擬俟美砲到後，換下日砲，按該地需要數撥交胡宗
南，以加強其戰力。

以上所擬，是否有當？恭請鑒核。

謹呈總統

職周至柔呈

四十年十一月一日

◎ 總統府參軍長劉士毅擬辦簽註（民國 40 年 11 月 14 日）

周總長十一月十四日簽呈，為調整大陳指揮機構及海軍總部
請求駐大陳陸戰隊調回台灣整訓一案，謹摘報並擬辦如左表，恭
請核示。

職劉士毅呈

十一月十四日

周總長簽呈內容：

一、據海軍總部迭次呈請將現駐大陳海軍陸戰隊調回台灣，並請
　　撤銷大陳指揮所。

二、江浙反共救國軍指揮部已於十月廿五日在大陳成立，第五、第
　　十八軍兩戰鬥團亦於十一月二日開抵大陳，是故大陳現有兩個
　　指揮機構，亟宜予以調整。

三、本部曾於本年四月七日奉准，預定將海軍大陳指揮所撤銷，
　　改為國防部大陳指揮所，並內定胡總指揮兼該所主任。茲因
　　尚未到達反攻階段，免引起外人注意計，除擬將海軍大陳指
　　揮所撤銷外，對國防部大陳指揮所擬不成立，即以胡總指揮
　　統一指揮大陳地區守備部隊及游擊部隊。至大陳指揮所撤銷

後，該地艦艇統歸海軍溫台巡防處（現駐大陳）指揮，該巡
防處並受胡區處。

四、海軍總部所請將駐大陳陸戰隊第四團（欠第一營附砲兵一連）
調回台灣，加強兩棲作戰訓練，確屬需要，惟以第五、第十八
軍兩戰鬥團初到，對一切情況，尚不熟悉，擬暫緩調整。

五、據孫總司令七月一日代電，曾建議減少馬祖兵力，擬於本
年十二月或明（四十一）年一月，由馬祖第十三師抽出一個
步兵營開大陳，接替陸戰隊任務，並擬俟美砲到後，換下日
砲，按該地需要數撥交胡宗南，以加強其戰力。

以上所擬，是否有當？恭請鑒核。

本組簽擬：

　　胡宗南電呈江浙反共救國軍總指揮部於十月廿五日在大陳成
立，經呈鈞閱復悉在案。謹註。

擬准如擬辦理。

批示：如擬。

中正

中華民國四十年十一月廿日

● **蔣中正致電國防部參謀總長周至柔希速計劃籌撥胡宗南所需
　電台等項**（民國 40 年 11 月 15 日）

（代電）

國防部周總長勛鑒：

　　十一月一日戡截字第三八五號簽呈，為對胡總指揮請求各項
辦理經過及研究意思一案悉。

（一）關於所需電台、船用油料及水泥等希速計劃籌撥。

（二）「游擊部隊政治工作綱領」對胡部有無頒發並實施希查明
　　　具報，餘准如擬辦理。

蔣中正

戌寒乾坤

● 胡宗南等密電總統蔣中正在大陳舉行幹部會議對於部隊整訓作
　戰諸決策均經圓滿解決（民國 40 年 11 月 29 日）

（無線電）

台北。密。總統鈞鑒：

　　職等於儉、艷兩日，在大陳舉行幹部會議，對於部隊整編、訓
練、作戰諸決策，均經圓滿解決。職等今後精誠團結，益自淬勵，
誓為鈞座前驅，完成反攻大陸任務。

職胡宗南　鍾　松　沈之岳　呂渭祥　王祥林

張為邦　王相義　程慕頤　袁國祥　吳澍霖

戌艷

閱，原件呈。

擬復慰勉。

職劉士毅呈

十二月三十日

● 總統蔣中正電復慰勉胡宗南等（民國 40 年 12 月 5 日）

（代電）（大陳）

江浙人民救國軍總部胡總指揮勛鑒：

　　戌艷電悉。弟等群策群力，勵精圖治，至為欣慰。又今後此

類事不必用電報，無線電以愈少用愈好為要。

蔣中正

亥支乾坤

● **秦東昌請迅派人機來大陳建立偵測電台研譯人員（民國 40年 12月 11日）**

（報告）於下大陳島

一、島嶼作戰全恃情報靈活，偵測電台甚感需要。

二、擬請飭技術研究室迅派人機來大陳建立偵測電台研譯人員，供應技術情報。

三、可否？敬乞核示祗遵！

謹呈總統蔣。

職秦東昌

◎ 總統府參軍長劉士毅擬辦簽註（民國 40年 12月 18日）

原件呈核

一、本件經詢國防部第二廳，據稱，本擬派員攜機前往開設，因請領開辦費台幣五、六千元無著，致未果，等語。

二、秦東昌係胡宗南化名。謹註。

擬飭周總長即派員前往大陳開設。

職劉士毅呈

十二月十八日

如擬。

中華民國四十年十二月廿四日

● **國防部呈簽選派偵側人員出發大陳建立工作（民國 41 年 1 月 4 日）**

（簽呈）

事由：遵飭本部第二廳技術研究室選派人機建立大陳工作由

一、亥有乾坤字第 1100 號代電奉悉。

二、遵飭本部第二廳技術研究室選派偵側人員六員，攜帶偵收機二架，通訊機一架（必要時再增派），預定於四十一年元月五日出發大陳建立工作。

三、除電秦東昌外，謹報請鑒核。

謹呈總統

職周至柔呈

四十一年一月四日

● **蔣中正電覆國防部參謀總長周至柔關於選派人機建立大陳工作一案（民國 41 年 1 月 7 日）**

（代電）

國防部周總長勛鑒：

元月四日聞聖字第一九六五號簽呈為選派人機建立大陳工作一案，悉。

蔣中正

子虞克坤

● 國防部參謀總長周至柔呈簽關於大陳換防辦法（民國 41 年 1 月 15 日）

事由

一、查對大陳海軍陸戰隊第四團（欠第一營附砲兵一連）換防返台一案，曾擬呈於第五、第十八軍兩戰鬥團增防大陳後，在四十年十二月或本（四十一）年一月另由馬祖第十三師抽出一個步兵營開大陳接替，並擬俟美砲到達，換下日砲，按需要撥交胡總指揮，以加強其戰力。經呈奉鈞座戌馬乾坤字第一〇〇八號代電核准照辦在案。

二、茲因目前尚無適宜砲兵部隊可以抽出，接替大陳海軍陸戰隊砲兵連之任務，且據報大陳當面匪軍邇來調動頻繁，集結船舶，洞頭方面，且已開始進犯，似有窺犯我江浙沿海各島嶼之企圖，如目前換防，殊非所宜。前項換防辦法，擬俟該方面情況稍緩，及待接防砲兵部隊有著時，再行實施。恭請鑒核。

謹呈總統。

　　　　　　　　　　　　　　　　　　　職周至柔呈

　　　　　　　　　　　　　　　　　　　四十一年一月四日

原件呈核

　　周總長四十年十一月十四日簽呈如本件第一項經呈奉鈞批「准如擬辦理」等因，經轉飭茲復據簽呈如本件，謹註。

擬准如擬辦理。

　　　　　　　　　　　　　　　　　　　職劉士毅呈

　　　　　　　　　　　　　　　　　　　元月十五日

如擬。

蔣中正印

元、十六

● 國防部參謀總長周至柔核議秦東昌報告建議書（民國 41 年 2 月 18 日）

一、奉交下機祕（乙）字第二三—〇〇八號秦東昌四十一年一月三十一日建議書一件，飭核議。

二、該建議書主要認為大陳區各島對防衛台灣與反攻大陸均極重要，列陳四點：

　　1. 為台灣北部之屏障。

　　2. 為反攻大陸之跳板。

　　3. 為保護台灣國際通路之要點。

　　4. 為掩護台灣漁業之要地等，請援金門先例，將大陳區各島列入台灣防衛計劃之內，並按需要配給美軍經援物資。

三、查大陳島位於江浙海面，距基隆約有二百四十浬，可據此以為台灣遠北方之情報蒐集據點，且可為我海軍哨戒艦艇泊地，以增大海軍活動及警戒範圍，並可以支持該方面游擊部隊之生存與發展。以其在戰略上有上述之價值，故早已列入台灣防衛計劃中，並經策定該島必須勉力固守，非至萬不得已，決不輕易撤離。惟該地距匪海、空軍基地甚近，距台灣較遠，匪隨時均得以優勢海、空軍配合其地面部隊攻擊大陳。我海、空軍主力既不能消耗於該方面，則地面部隊惟有獨立固守。但以該島純賴台灣補給，一旦海運中斷，即無法獨自生存，故祇宜以最少限之兵力以任該島之守備。至大陳周圍之其他島嶼，衡量全局，仍以運用游擊部隊機動守備為宜。

四、該建議書所請配給美軍經援物資一節。查美軍經援物資在運用上與地區上（限於台灣、澎湖）均受有限制，金門並不在內，更無法增列游擊部隊。游擊部隊所需之各種裝備品，業

經本部大陸工作處會美西方企業公司統籌辦理。對秦部擬就
可能獲致不受使用限制之外援物資，或在台、澎部隊因獲得
美援換下之武器優先撥補，以充實大陳守備之力量。

所擬是否有當？恭請鑒核。

謹呈總統

原件呈核

周總長 1/17 簽呈，所報防衛大陳辦理情形中，認為上、下
大陳守備兵力，似已足用，並經呈奉鈞批「如擬」在案。謹註。
擬准如擬辦理。

職劉士毅呈

二月十八日

如擬。

中正

中華民國四十壹年貳月廿壹日

● **秦東昌呈請將海軍現駐淡水機動艇隊調赴大陳**（民國 41 年 2
月 22 日）

（無線電）

台北。密總統。

（一）查匪軍沿海船艇組織日益坐大，我駐陳海軍艦艇因吃水
關係，不能深入大陸港灣捕捉殲滅，且艦艇有限，力量
甚微，甚為遺憾。

（二）查海軍現駐淡水之機動艇隊（計驅潛一號一艘，防一至
防七共八艘）現有各艇，輕快靈活，火力與速力均強，甚

適於淺水港灣之突擊。如該艇隊使用於大陳區，對匪所有船隊，可於最短期間掃蕩無遺，大陳防務立可改觀。如云防衛台灣，則因其噸位及性能均不相宜，且目前擱置不用，殊為可惜。

（三）為求主動澈底打擊匪海防組織，摧毀其攻我大陳企圖，並協助游擊部隊發展壯大起見，擬懇親飭海軍總部，即派該艇隊全部開駐大陳，歸溫台巡防處招處長德培指揮運用，以利作戰，並乞核示。

職秦東昌
丑養

原件呈核

一、據胡總指揮（40）9/30向聯勤總部所報，該地區請領油料機動船艇共卅五艘。

二、詢據國防部稱：現駐大陳海軍有中、美、安、永字艦共四艘，百噸砲艇兩艘。

三、周總長 2/16 簽呈，審議胡總指揮先後報告一案內，對請增派海、陸軍部隊一節，認為該方面兵力已經足用，並經呈奉鈞批「如擬」在案。謹註。

擬辦：擬交國防部核復

職劉士毅呈
二月廿三日

所陳似屬可採，交周總長、桂總司令研究具報。

蔣中正印

二、廿七

● **國防部參謀總長周至柔綜合報告海軍機動艇隊似不宜使用於大陳區域（民國 41 年 3 月）**

（簽呈）

一、克坤字第一三六四號代電奉悉。

二、頃據海軍桂總司令屬乾字第七七七號報告稱：

（1）查海軍機動艇隊，原係英贈防艇八艘所組成，排水量僅四十噸，船殼為木質，裝有二磅速射砲及二公分機砲各一門，重機槍四挺。因船邊距水面僅一尺，凌波性極弱，故舟山轉進時，中途即沉沒二艘。

（2）各防艇原有充裕配件，惟自歸國後不斷服行任務，尤以防衛舟山時為甚，業將全部配件用盡。刻因英製機器配件無法補充，遂致故障時生，修護困難。

（3）該艇隊現駐淡水港內，另配聯字艇一為旗艇，共七艘，擔任富貴角至鹽水港間之近岸（十哩內）巡邏警戒，因凌波性弱關係，其任務執行視波浪程度而定，且海軍第二工廠即在淡水，勉可隨時整修，以應需要。

（4）大陳無碼頭及修理設備，突擊匪港必須通過十浬以上之開闊海面，以此等防艇現況而論，似不易達成任務，且由本島能否安全航至大陳，亦成問題。

綜合以上各點，該機動艇隊，似不宜使用於大陳區域。

恭請鑒核。

謹呈總統。

原件呈核

查胡宗南 2/22 電請將現駐淡水海軍機動艇隊調赴大陳，擔

任對大陸淺水港灣之突擊一案，經呈奉鈞批「所陳似屬可採，交
周總長、桂總司令研究具報」等因，經轉飭。茲據復如本件。

擬辦：所陳屬實，擬准如擬辦理，並復知胡總指揮。

職劉士毅呈

三月十二日

如擬。

中正

中華民國四十壹年參月拾五日

● 秦東昌密電轉蔣夫人代為證明美和艦較預定卸載日期延遲（民國 41 年 3 月 11 日）

（電）

台北。密總統蔣，轉夫人鈞鑒：

盟友雷德邁先生所徵用之美和艦，於寅魚到陳。虞日大雨急
浪，未能卸船；齊日風雨繫沖斷，未能卸完；佳日冒雨，用舢板
駁卸，而船用引擎，以無起重機，並須拆卸，須明日方可卸完。
查此事實，以設備欠缺，天候惡劣，至較預定卸載日期延遲，盟
友深以失信為憾。謹代為證明，並請核備。

秦東昌

寅（3/10）灰

原件呈閱。

職劉士毅呈

三月十二日

閱。

蔣中正印

三、十五

● 胡宗南呈請撥發美式漁艇以為游擊艇主力（民國41年3月18日）

查現在招商局、聯勤總部、海軍總部之美國魚艇請明令撥發六艘，並請每艘裝置40糎機關砲二門、25糎機關砲二門、20糎機關砲二門，以為游擊艇隊之主力。是否有當？敬請鈞核。

職胡宗南

三、十八

交桂總司令設法照辦。

中正

3/26

● 海軍總部總司令桂永清呈報總統蔣中正海軍無美式漁艇（民國41年4月2日）

（簽呈）

一、機祕（乙）第35256號為胡總司令請撥漁艇案奉悉。

二、本軍以前緝獲之日方越界漁船，經改裝砲艇，現仍分配各基地服役中，此外並無美式漁艇。

三、目前僅台省府漁管處尚有漁艇十五艘，惟是否係美式，亦無資料。擬請由國防部向有關機關洽辦。

謹呈總統。

原件呈核

一、前奉交下胡宗南3/18報告一件，為請求就招商局、聯勤總部、海軍總部所轄之美國漁艇撥發六艘，並裝置火器，以為游擊艇隊之主力，並奉批交「桂總司令設法照辦」等因，經轉飭。茲據復如本件。

二、本件經詢據海軍總部稱，前緝獲之日方越界漁船，經改裝砲
　　艇者共有十五艘。另復詢據招商局及聯勤總部稱，並無是項
　　美式漁船，總部原有四艘已移交經濟部漁管處等語。

三、查胡宗南（40）9/30向聯勤總部所報該地區請領油料機動
　　船艇共三十五艘。

四、詢據國防部稱，現駐大陳海軍有中、美、安、永字艦共四
　　艘，百噸砲艇兩艘。謹註。

擬辦：

　　胡宗南就大陳方面作戰任務，請求撥發美式漁艇，以加強實
力。但據本件呈復，並無是項漁艇，對該方面究否需要增派武裝
機動船艇，及海軍總部有無適於使用該方面性能其他型船艇，擬
交周總長就全般狀況檢討，研議具報。

職劉士毅呈
四月三日

周總長，大陳方面應增撥砲艇四艘。

蔣中正印

四、五

● **總統蔣中正電示國防部參謀總長周至柔大陳方面應增撥砲艇**
　四艘（民國 41 年 4 月 5 日）

國防部周總長勛鑒：

　　三月廿七日抄送胡宗南報告副本計達。茲隨電抄附桂永清四
月二日簽呈一件（如附件）。大陳方面應增撥砲艇四艘。

蔣中正
戊○克坤

● 海軍總部總司令桂永清呈報機動艇僅適於內河或港內巡邏使用 不宜渡海（民國 41 年 4 月）

（簽呈）

一、丑感克坤字第 1364 號代電奉悉。

二、查本軍機動艇隊原有防艇八艘，均係木質艇殼，排水量僅四十噸（其性能如附表），艇體甚小，僅適於內河或港內巡邏使用，不宜渡海。三十九年五月間舟山撤退，前方已無良好基地可用，始不得已冒險渡海來台，事前經慎密擇定良好天氣，並指定大艦護送，途中卒因風浪衝擊，沉沒損失二艘，其餘六艘勉強抵台，亦大受損傷。復以該類防艇係英製艇隻，機器配件無法補充，致時生故障。現尚有三艘未能修復，已修復者僅能在淡水河口擔任近海巡戈活動。若令勉強北航，風季期間，固無法遠航；即非風季之良好天氣，亦殊無安全把握可能到達。且大陳孤立，風浪甚大（與舟山四圍皆山等於內湖之環景完全不同），既無小艇碼頭可泊，復缺修船工廠，木質艇殼難經撞擊，既不能隨時修整，保養一兩週後必歸報廢。溫台巡防處處長招德培，因過去均在珠江服務，對新艦艇之運用智識較差，去年亦曾有此請求，經本部詳細討論，未予核准，故又向胡總指官建議。現此艇僅能在淡水河內配合第二工廠活動，以備將來重獲英製配件彈藥時，再於舟山或長江服務。

三、以上所陳，純係根據事實，並無其他原因，除已逕電胡總指揮官外，謹請鑒核。

謹呈總統

附表　防艇性能簡表

項目	內容	備考
排水量	四十噸	木殼艇體
速度	一〇至十二浬	
長度	七十二呎	
寬度	十五呎六吋	
吃水	四呎二吋至四呎十吋	難經風浪
武器	二磅連射砲一門 二十糎機砲一門 重機四挺	
燃料	輕柴油	

● 國防部參謀總長周至柔摘報對秦東昌要求事項開會商討情形（民國41年5月21日）

（簽呈）

事由：

一、本（四十一）年五月十七日第十五次軍事會談對胡總指揮所提要求：

　　（1）補給請按現在大陳實有人數九千人核發糧餉。又蚊帳、草蓆、襯衣、軍服等均待補充。

　　（2）派一艦隊常駐大陳。

　　（3）派陸軍步兵二至三個團至大陳接防，俾游擊部隊得以抽出對大陸突擊等項。

　　經奉指示應由本部召開會議予以解決。

二、遵於本（五）月十九日召集有關單位開會，並由胡總指揮出席報告。謹將會議商討各項情形摘要報告如次：

　　（甲）補給

　　　　（1）主食擬自五月份起按九、三〇〇人撥發。

　　　　（2）服裝除已發一套軍便服外，擬再按九、三〇〇人就

　　　　　庫存各加發軍便服一套，並籌製運動衣褲兩套，並
　　　　　於六月十五日前運交。
　　　（3）蚊帳、草蓆以未列入新擬之服裝補給標準，無此
　　　　　預算，無法辦理。
　　　（4）副食費俟行政院追加預算奉准後，再行發給。
　（乙）派艦隊常駐大陳
　　　（1）海軍總部以大陳受泊地及修護等限制，事實上艦
　　　　　隊無法進駐，加以我空軍遠在台灣，無法協力。擬
　　　　　祇派一個戰隊（約三至五艦編成）開大陳，歸胡總
　　　　　指揮指揮，俟該戰隊到達後，即將現駐該地之三艦
　　　　　調回台灣基地整訓，另一中字艦仍留大陳。至增援
　　　　　該方面作戰兵力，擬仍按（41）捷揮字第〇四五號
　　　　　簽呈規定辦理。
　　　（2）本部以艦隊進駐大陳，既以限於事實，無法辦理，
　　　　　除飭海軍總部應加強派往大陳戰隊戰力外，其控置
　　　　　於本島之機動艦隊，應常向大陳方面巡弋。胡總部
　　　　　如有請求，該艦隊司令得依當時狀況適宜處理，以
　　　　　期能適應胡總指揮之要求。
　（丙）派陸軍增防大陳
　　　　目前本島各部隊以正在進行整編，而外圍各島嶼守兵力
　　　　均屬有限，難以抽調。擬由台灣本島抽調兩個戰鬥團
　　　　（增加武器）增防大陳。

一、周總長五月二十一日簽呈為本（五）月十七日軍事會談對胡
　　總指揮所提要求，遵鈞座指示，於本（五）月十九日召集有
　　關單位開會研討，並邀請胡總指揮參加。茲就商討情形摘要

　　報告，請鑒核。

二、謹擇報並擬辦如左表。恭請核示（附原件）

　　　　　　　　　　　　　　　　　職桂永清呈

　　　　　　　　　　　　　　　　　五月二十二日

如擬，抄知鄭兼處長介民。

蔣中正印

五、廿四

胡宗南要求事項	一、補給請按實有人數九千人核發糧餉。又蚊帳、蓆子、襯衣、軍服等均待補充。
參謀部會議研討結論	一、補給 　1.主食擬自五月份起按九、三〇〇人撥發。 　2.服裝除已發一套軍便服外，擬再按九、三〇〇人就庫存各加發軍便服一套，並籌製運動衣褲兩套，於六月十五日前運交。 　3.蚊帳、蓆子以未列入新擬之服裝補給標準，無此預算，無法辦理。 　4.副食費俟行政院追加預算奉准後，再行發給。
擬註	一、周總長前簽呈，為檢呈游擊部隊補給政策一案，於五月二日經呈奉鈞座批示：「游擊部隊可祗供主副食及服裝，其餘由其自給自足，何如」在案。 二、游擊部隊副食部份，須待行政院將經費差額（五一十二月共需 515 萬餘元）撥發後，方可發給。經據專案呈候核示中。 三、查胡總指揮已同意上欄研討結論。謹註。 擬准如擬辦理。
批示	蓆帳所需款項計為若干？如用本國自製 DDT 藥劑殺蚊，計需款若干？希核計具報。 　　　　　　　　　　　　　　　　蔣中正印 　　　　　　　　　　　　　　　　五、廿四

胡宗南要求事項	二、派陸軍步兵二至三個團至大陳接防，俾游擊部隊得以抽出對大陸突擊。
參謀部會議研討結論	派陸軍增防大陳，因目前本島各部隊以正在進行整編，而外圍各島嶼守備兵力均屬有限，難以抽調。擬由台灣本島抽調兩個戰鬥團（增加武器）增防大陳。
擬註	查胡總指揮已同意上欄研討結論。謹註。 擬准如擬辦理。

胡宗南要求事項	三、派一艦隊常駐大陳，以利遠洋之搜索。
參謀部會議研討結論	派艦隊常駐大陳： 1. 海總以大陳受泊地及修護等限制，加以我空軍遠在台灣，無法協力。擬祗派一個戰隊（約三至五艘）歸胡總指揮指揮，俟該戰隊到達後，即將現駐三艦調回整訓，另一中字艦仍留大陳。 2. 本部以艦隊進駐大陳，既限於事實無法辦理，除飭海軍總部應加強派往大陳戰隊戰力外，其控制於本島機動艦隊，應常向大陳方面巡弋。胡總部如有請求，該艦隊司令得以當時狀況適宜處理，以期適應胡總指揮要求。
擬註	查胡總指揮仍希望能有一個艦隊常駐大陳。謹註。 　　按大陳距海門僅二十浬，距基隆240浬，其面積上下大陳僅有七平方餘公里。目下匪海空軍已日漸壯大，我空軍受性能限制，且基地遠離，勢難予以有效支援。該地幅員狹小，如艦隊麕集，易遭重大損害。在國軍基本政策尚未採取積極行動前，為免誘致不意期之局部決戰，擬同意上欄研討結論，復准如擬辦理。當否？敬乞鈞核。

● 總統蔣中正電復國防部參謀總長周至柔令針對蓆帳與本國自製藥劑需款核計具報（民國41年5月24日）

（代電）

國防部周總長勛鑒：

　　五月廿一日（41）捷揮字第187號簽呈，為報對秦東昌要求事項開會商討情形一案，悉。蓆帳所需款項計為若干，如用本國自製DDT藥劑殺蚊，計需款若干，希核計具報，餘准如擬辦理。

蔣中正

辰○克坤

● 國防部第四廳電復總統連絡參謀組關於秦東昌案辦理情形（民國 41 年 5 月 26 日）

（代電）

受文者：總統連絡參謀組

事由：為復秦東昌案辦理情形請查照由

一、元月十七日大函敬悉。

二、前奉總統乾坤字第 1076 號代電，為秦東昌請增發主食一、
　　九二〇人份一案辦理情形如附件。

三、請查照為荷。

四、副本及副件送總長辦公室。

廳長宋達

● 國防部參謀總長周至柔呈報奉准擬派強有力一個戰隊進駐大陳歸胡總指揮指揮（民國 41 年 5 月 30 日）

（簽呈）

事由：

一、克坤字第一五〇二號代電奉悉。

二、謹將辦理情形呈報如次：

　　1. 增派砲艇四艘駛防大陳一案，經於四月九日令飭海總部遵
　　　 辦。茲據覆以現有砲艇，均已陳舊，不適於遠航，且須
　　　 準備隨時執行搜索任務，無法抽調。又經於本（五）月
　　　 七日，再飭海總部酌派其他艦艇前往增防，據覆已於本
　　　 （五）月二 十一日派聯勝艇前往大陳增防。

　　2. 關於台省漁業管理處所有魚艇，經查該管處確有美式魚艇

十五艘，惟是項魚艇係聯合國所贈，並曾簽訂協定，「此項財產，不得另畀任務，或移作他項目的之用」在案，目前正擔負國軍軍魚供應之責，無法調用。

三、謹報請鑒核。

謹呈總統

職周至柔呈

四十一年五月

原件呈核

一、查胡宗南前請求就招商局、聯勤總部、海軍總部所轄美式漁艇，改裝砲艇六艘增防大陳一案，經呈奉鈞批「交桂總司令設法照辦」。後據桂前總司令呈復，謂各該部並無是項美式漁艇，惟台省漁管處有是式漁艇十五艘，擬請由國防部洽辦等語，於四月五日呈奉鈞批「周總長：大陳方面應增撥砲艇四艘」，經轉飭。茲據復如本件。

二、周總長五月廿一日簽呈，為對胡宗南請求派一艦隊常駐大陳事，經研討擬派強有力一個戰隊進駐大陳，歸胡總指揮指揮一案，經呈奉鈞准在案。謹註。

擬復悉。

職桂永清呈

五月卅日

如擬。

蔣中正印

五、卅一

● **國防部參謀總長周至柔呈報抽調台灣本島兩個軍官戰鬥團已分別開抵大陳增防（民國41年7月4日）**

（簽呈）

事由：

一、鈞座五月二十四日（克）坤字第一七一七號代電，核准抽調台灣本島兩個軍官戰鬥團增防大陳一案，奉悉。

二、經飭第六軍及第六十七軍兩個軍官戰鬥團按新編制充實裝備後，已於六月二十二、二十七兩日，分別開抵大陳。謹報請鑒核。

謹呈總統

原件呈閱

　　謹查周總長前簽呈，為應胡宗南請求，擬抽調本島兩個戰鬥團增防大陳一節，經呈奉鈞准有案。謹註。

職桂永清呈

七月五日

閱。

蔣中正印

七、九

● 江浙人民反共救國軍總指揮胡宗南於中國國民黨第七次全國代表大會報告（民國 41 年 10 月 20 日）

今天能夠在本黨七全大會報告江浙游擊部隊情形，非常光榮。

江浙游擊部隊在最迫時期，打開大陸鐵幕之門已經三次了。

第一次在平陽縣之金鎮衛附近，使用兵力為第二大隊之兩個隊約四○○餘人，由第三隊長林秉勛統率，因事前有很好的部署，臨時又有人民的內應，所以一經登陸，即有老百姓帶路指示匪軍的位置，很快就把鄉政府的一個民兵中隊解決了，並且擊潰匪警備旅一個中隊，非常順利，當時俘獲匪幹 16 名、女匪幹 7 名、民兵 141 名，得 38 式手槍五支、匪旗四面、文件多種，我傷士兵一名。

第二次為福鼎縣之沙埕港，使用兵力亦為第二大隊之二個隊，歸第三隊長林秉勛指揮，事前亦有很好的部署，臨時亦得人民的內應，所以一經登陸，即得到人民事前指示匪軍的位置，突襲邊防第七三團之第七連，很快地就殲滅匪軍指導員以下六○餘人，尚有碉堡數座我們沒有攻，當時老百姓報告匪援兵已到某地，離此不過十餘里，當即撤離並由當地人民抬送傷兵，安全撤退從容登舟而去。此次俘匪正規軍四名、民兵七名，步槍六支，我陣亡教官一員、士兵五名，受傷士兵三名。

第三次在溫嶺縣之寨頭附近登陸，由第五大隊選擇精壯一二○人由黎大隊長克強、王總教官景唐親自統率，夜十二時登陸與我內應人員聯繫後，當由自衛隊某某召集附近最反動最頑固的民兵二三人開會，適我游擊隊到場，即在會場中全部俘獲，從容登舟安全撤退，此役俘獲步槍一一支，我未傷亡一人。

二、雞冠山殲滅戰

在九月下旬綜合各方情報，以及匪軍在溫州、樂清各處集結，判斷匪有攻佔披山企圖，十月六日匪在玉環、溫州、樂清等處封船，判斷匪在十月十日之前有攻佔披山企圖，如要攻佔披山必先佔領雞冠山等嶼，以為集中兵力之掩護。

我們為粉粹匪之企圖，乃於八日夜以一部在溫嶺縣之寨頭附近登陸，以為牽制，另以第一大隊之兩個中隊約四〇〇餘人，配屬機帆船六艘歸披山地區司令李奇英率領，向雞冠山、洋嶼前進，於九日四時分別在雞冠山、洋嶼登陸完成。

當時雞冠山已為匪公安十七師五〇團第八連所佔領，雞山西部茶山、火義山等已為匪軍五〇團第一營長所率領之第二連全部及第三連一部、機砲一排所佔領，洋嶼亦為第七連所佔領。我軍繼續登陸，當時匪軍以夜間到達之我軍誤認為該部開來之後援部隊，未加阻絕反爾歡迎，故我軍在登陸一段並無戰鬥，更無傷亡，登陸完成，我軍於五時開始攻擊，以裝備優良、火力旺盛，故兵力雖較劣勢，而勝利早有信心，自九日晨五時開始接觸，激戰至十六時，洋嶼匪軍第七連，茶山、火義山之匪軍第二連以及雞冠山匪軍之第八連，完全殲滅，戰鬥於焉結束。此一戰鬥使我們注意者：

（一）洋嶼匪軍有九人集體投降。

（二）茶山匪軍代表二人投降，為我擊殺，雞冠山匪軍有十人投降，亦為我擊殺，因之匪軍全部拚戰，遺屍滿山。

十六時戰鬥結束，不及清掃戰場，匆匆撤退，十八時撤退完畢，此役擊斃匪營長王達才一員，擊斃連長、連指導員三員（第二連員未到）以下二〇〇餘人，俘獲六〇迫擊砲七門、輕機槍 21 挺、衝鋒槍 21 支、步槍 69 支，俘虜 33 人。

我陣亡教官三員、隊長一員、士兵十四名，受傷 39 人，當戰事進行，除雞冠山人民煮茶煮飯分送戰士，直到戰事結束，老百姓全部出來，喜形於色，並為我運輸傷亡，徵集舢板五〇餘艘為我運送，並且說：三五也有今天，天報應，天報應。

報告到此，我們有幾點感想：

一般人以為突擊大陸為最危險、最消耗兵力的一事，而不知實為最平常最安全的工作，因為：

（甲）匪正規軍多數為北方人，聽說游擊隊來了，都躲在陣地上、碉堡內等待我們去攻他，很少下山。

（乙）鄉村老百姓以及民兵多數仰望台灣，天天禱祝蔣總統回去，所以在有形無形、間接直接皆同情游擊隊，同情就是支持，支持就是幫助。

因此不到前線，不知前線的平靜，到了大陸，更了解我們領袖的偉大。

突擊是一種訓練，游擊部隊必須在戰鬥中訓練，戰鬥中生長，方能反攻大陸。

今天匪的正規軍居然集體投降，並且向游擊隊投降，雖然人數不多，但這一行為並不簡單，實可顯示匪軍內部之矛盾、苦悶與轉變，如本黨能把握這一矛盾與弱點，而充分以利用，則反攻大陸必將變成為大陸反攻，大陸反攻來配合國軍之光臨，而歡迎我們偉大領袖重回大陸。

● 胡宗南對游擊隊之看法（民國 42 年）

一

今日的游擊隊，是共產黨政治的產物，大陸人民禁不起鬥爭、清算、三反、五反、參軍、反美援朝、捐獻這些捐獻那些，

在種種剝削壓迫之下，欲掙脫的人民組合的武力。這個武力的發展、壯大也是國民黨政治的產物，這是反共抗俄的一群，爭取自由光明的一群，不願做奴隸牛馬的一群，抗捐抗爭抗糧運動首先的實行的一群，這一群到什麼地方，就是我們的政治光輝映照到什麼地方，所以游擊隊的發展也是我們的政治的產物。

二

　　組成游擊隊分子都是有思想、有抱負，又能掙扎奮鬥的人物，你說他是有志之士吧！不僅是有志而且有膽、有識。你說他是忠貞之士吧！豈但是忠貞而已，他還能戰鬥，你說他是孤臣孽子吧！也不相像，因為他不承認大陸鐵幕是不能打開的，他更不承認中華民族是從此完了的，他一心一意地在努力打回大陸的工作，他們從民國三十九年到海島以後，沒有飯吃沒有衣穿，沒有房屋住，飢餓寒冷產生了疾病，在疾病中既沒有醫生，更沒有藥物，聽天由命的貧病交迫的下去，而且不斷地受大陸匪軍的攻擊，而必須應付戰爭。這是說明了游擊隊在飢餓線上掙扎，在疾病死亡線上、在生存線上掙扎奮鬥已經三年。

　　在這東海之上他們過著流血、流汗、流淚的生活，一年二年三年，你看這樣地窮山荒島，這樣遠的海，這樣高的天，誰又能來此灑一滴同情之淚，誰又能伸出一雙同樣之手，而誰又能講幾句同情的話麼？

三

　　游擊隊與補給：游擊隊是一群有志、有熱、有力的活人所組成，因為是活人，所以每天得吃飯得穿衣得睡覺，又因為游擊隊是政治的產物，所有補給不能取之於老百姓，一草一木，亦不能

騷擾老百姓，如果老百姓需要糧食，游擊隊還應該運糧給他們，因為我們的政府必須補給他們糧食、醫藥和被服。

游擊隊的志士，交給國家的是鮮紅的血液，聖潔的靈魂，和寶貴的生命，而政府對游擊隊的補給，應該盡其所有所能，關於船舶、糧食、武器、洋藥、通材以及階級、名位必須毫不吝惜地交給他們，所以安志士之心而鼓勵其奮鬥作戰，所以游擊隊的武力、紀律、名譽等等就是補給問題，補給問題解決，任何問題皆可解決。故所有政治資本、軍事資本，政治裝備與軍事裝備，都要傾全力向這方面下注。正規戰之收穫是一比一，而游擊戰的收穫是一比十，甚至一比五十。

四

游擊隊之與根據地：游擊隊之於根據地，為生存之憑據，發展的核心，生死存亡之所繫，必須固守。

沿海的游擊根據地，在現階段中其分量甚為沉重，務必盡海陸空軍的全力保護之。在現階段不僅海陸空軍應盡保護沿海游擊根據地的責任，並且應加入游擊隊的戰鬥序列才好，至於在台灣的海陸空軍，其任務與性質都應該是游擊隊。

五

現階段之突擊戰鬥形式：

（一）放棄強襲執行奇襲，打便宜仗打有把握仗，不失機會不失良心。

（二）放棄攻堅，避免攻堅。

（三）放棄會戰、決戰，執行消耗戰。

（四）放棄大殲滅戰，執行許多小殲滅戰，即組一班，也是好的。

（五）集小勝為大勝，現階段的突擊戰鬥目標：

　　一、避免正規軍

　　二、避免海島攻擊。

　　三、在大陸不設防之處，港灣之內一部分，設防之最薄弱
　　　　部分。

　　四、保安部隊、警備部隊、自衛團隊、鹽警。

● **大陳防守區民國四十三年三月十八日大陳方面匪我海空軍戰
鬥要報（民國 43 年 3 月 18 日）**

一、戰鬥前匪我一般態勢（大陳以北地區）

（一）匪方

　　1. 陸軍兵力部署如附圖一，近一月來無顯著動態

　　2. 海上活動

　　（1）截至三月十七日晚止，匪港灣船舶增減情形如附
　　　　表一。

　　（2）最近半年來由我海上截獲船隻數量如附表二，可知
　　　　匪海上最活動之區域在白帶門。

　　（3）三月十五日 1100 接我駐鯁門島工作組報告：我工
　　　　作人員曾在海門見有 200 噸新台州輪及 100 噸機動船
　　　　七艘，正在裝載糧穀，不日運往上海，據悉往返需七
　　　　天，同月十七日又接該組轉據監視報告：篠 1305 由
　　　　石浦方向駛白帶門匪艇三艘（該處原有三艘現共有六
　　　　艘），並判斷海門區匪軍糧船可能於今夜或明晨北上。

　　3. 空軍動態

　　　　樟橋匪機場現已進駐噴射式各型飛機近一百架，由該機場

　　　　飛達本島僅十餘分鐘，對我防區空軍行動為一最大威脅。

（二）我方

　　1. 陸軍（含游擊部隊）兵力部署如附圖一。

　　2. 海軍

　　　（1）經常搜索巡邏區域如附圖二。

　　　（2）本部接獲第一項2之（3）情報後，當以43寅篠1900
　　　　　　大勝電飭駐陳海軍崔司令相機截匪北上運糧船隻。

　　3. 空軍

　　　（1）搜索範圍如附圖二。

　　　（2）三月份截至十七日止空軍對大陳方面搜索架次之統
　　　　　　計表如附表三。

　　　（3）三月十七日為演習空援申請，曾電請空軍作戰司令
　　　　　　部派機於三月十八日1130轟炸大陳對面之積谷山。

二、戰鬥經過概要

（一）

　1. 情況一：三月十八日0730我駐鯁門島工作組電報有匪艇二艘
　　　在鯁門小岙附近，請求派艦截擊。

　2. 處置：同日0740以燈號通知海軍崔司令飭一江駐艦駛往截擊。

（二）

　1. 情況二：

　　（1）同日0740鯁門工作組報告：鯁門一帶共約有匪砲艇八
　　　　　艘活動。

　　（2）0745該組以密語由電台報告，匪艇駛向鯁門發砲，掩
　　　　　護匪軍在大岙登陸。

　2. 處置：0800接獲上項報告後即作如下處置：

　　（1）0815先以燈號著旗艦率必要艦艇前往增援，0830補發電

報告知匪已在鯁門登陸，應速派艦截擊，毋使漏網，並
飭旗艦北上以戰術空軍管制組與來援空軍連絡指示目標
（寅巧三電）。

（2）0825 電一江地區司令告匪在鯁門登陸，並詢問在該島
我方人員已否有妥善處置。

（3）0830 飭現在大陳已受登陸訓練之救國軍突擊中隊準備出
發，乘 60、66 號機艇增援鯁門島行逆登陸，以捕捉登陸
該島匪軍，並飭特勤組王副組長乘快速艇先赴該區偵察。

（4）0830 將匪登陸鯁門島之情況電告空軍作戰司令部，並
請派機到一江與我旗艦連絡，予匪砲艇以攻擊（寅巧
0830 三電）。

（5）0845 將本項之（3）、（4）兩項電知海軍崔司令，飭注意
與我快速艇、空軍及 60、66 號艇切取連繫。

（6）0925 突擊中隊登 60、66 號艇完畢，待命出發。

（7）令駐陳陸軍第四十六師準備一加強連，巡防處準備登陸
艇，以備必要時支援向鯁門島行逆登陸之救國軍。

3. 部隊行動：

（1）0800 本部作戰有關幕僚全部進入 208 高地戰鬥指揮所。

（2）0800-0825 太湖、太倉、寶應三艦相繼出港。

（三）

1. 情況三：1035 接獲鯁門工作組 0830 電報，匪艇駛入大岙沙灘，
僅將內調局情報交通船拖向大陸而去。

2. 處置：

（1）1040 通知鯁門島突擊部隊及四十六師解除出發準備，
並將情況轉知海軍崔司令。

（2）電鯁門快速艇詳查匪登陸鯁門情形。

（四）

1. 情況四：1045 第一批空偵機 P4Y 一架，飛臨本區上空。

2. 處置：飭赴鯁門島以北三門灣附近偵察匪海上活動。

（五）

1. 情況五：

（1）海軍崔司令寅巧 1030 及 1040 電：現在三門灣發現匪巨型艦二艘已開始砲戰，請即申請空援。

（2）本部為測驗攻擊空援申請所要時間，於十七日申請攻擊積谷山之飛機於 1110 到達大陳上空（機種為 F47，架數四架）。

2. 處置：

（1）由空軍連絡官通知該批 F47 機改飛三門灣，以協力我艦攻擊匪艦。

（2）以大追寅巧 1135 電通知海軍崔司令與我機切取連繫。

3. 部隊行動：太昭艦奉海軍崔司令寅巧 1050 電，即作支援準備，候令啟航。

（六）

情況六：

（1）海軍崔司令寅巧 1110 電：

A.1100 發現匪艦四艘，似有長治號在內。

B. 該匪艦向三門灣北駛，我軍正追擊中。

（2）戰果：由空軍連絡官電台收聽，1205 據我機報告，匪艦一艘，似被擊傷。

（七）

1. 情況七：

（1）海軍崔司令寅巧 1225 電：

A. 我機攻擊匪艦似未命中，1220 匪艦尚在檀頭山一帶。

B. 三門灣發現匪艇十一艘與寶應艦激戰，職率太湖、太倉、嘉陵駛往增援。

C. 祈再申請空軍前來轟炸。

2. 處置：

（1）將本日上午戰鬥情形電報總長（寅巧 1330 大追丑電）。

（2）空援申請協助海軍攻擊（寅巧 1305 大追電）。

（3）將上項處置電告海軍崔司令並飭續行監視（寅巧 1310 電）。

（八）

1. 情況八：

（1）1340 第二批例行空偵機 F47 二架到達，偵得檀頭山西有匪艦二艘（航向 180°）南駛，又南田以南三門灣附近發現匪艦七艘。

（2）1400 據海軍崔司令寅巧 1300 電告，匪軍已停止戰鬥，我無損失，職率各艦向三門灣搜索返陳中。

（3）1425 及 1445 我機 F47 八架分兩批飛臨大陳上空。

2. 處置：經空軍連絡官電台指示第一批飛機即向三門灣附近向海軍旗艦報到。

3. 戰果：我機於三門灣附近攻擊匪艦，匪艦一艘中彈冒煙。

（九）

1. 情況九：

（1）1445 第一批我機在三門灣上空遭匪米格十五型飛機四架，我機被擊落一架。

（2）1445 我機第二批 F47 四架又飛臨大陳上空。

2. 處置：以我機帶彈不便與匪米格機作戰，且海軍已返防，乃接受空軍連絡官建議以該批飛機改向積谷山匪陣地攻擊。

3. 戰果：四彈落積谷山北側山麓，四彈落於積谷山頂北側。

（十）

1. 情況十：

（1）1410 海軍崔司令電告匪艦已竄石浦，職率艦返陳。

（2）1450 我 F47 機二架偵察大陳以北海面無發現。

（3）1525 又來我 F47 機八架。

2. 處置：由空軍連絡官轉告攻擊白沙山匪砲兵陣地。

3. 戰果：八彈擊中白沙，另八彈誤投我控制之島嶼——頭門山廣場，我方無損失。

（十一）

1. 情況十一：1535 海軍崔司令寅巧 1450 電已返航。

2. 處置：

（1）1630 崔司令來部即開作戰檢討會。

（2）以寅皓 0930 電將全般作戰經過電報總長。

三、對本戰役之綜合判斷

三月十八日晨在鯁門島附近海面活動之匪八艘砲艇，似圖奇襲我游弋鯁門、頭門群島間之艦艇，藉以間接掩護其軍品之北運，依海門至三門灣航程計算，匪軍品北運船可能即係海軍崔司令於 1030 發現在三門灣附近之匪艦（內一似 DD、一為 LST），又崔司令在 1110 見有四艘（內一似長治號、一為 LST，另二艘為軍艦）沿三門灣北駛，此一似長治號型艦及 LST 恐即係 1030 在三門灣所發現之兩匪艦，另兩艘可能係由三門灣內出港加入行列者，後我艦隊追擊匪艦，見我艦隊兵力優勢，且有空軍助戰，故僅以砲擊而未敢與我海軍對戰，於 1450 竄入石浦，顯見匪艦對我海軍無積極企圖，其主任務似在護航，尤以 1445 匪出動之空軍，亦未向我艦隊攻擊，判

斷其行動，亦不過在抗拒我空軍而掩護船艦北駛，至匪在鯁門島登陸不過為達成間接護航任務，對該島行威力搜索，順便將停泊於大岙之帆船拖去，以求獲得對鯁門之情報。

四、檢討

（一）優點

1. 對控制之真空島嶼設有電台能適時獲得情報。
2. 對海軍使用燈號通信靈活。
3. 海軍出動迅速符合戰備規定，確能於 30 分鐘內出動，且官兵士氣旺盛。
4. 快艇出動迅速，特勤組王副組長安邦，膽大心細，能將實地所得情況適時報告。
5. 對十七日空援申請飛機能準時到達，在判斷將有情況時宜作預先申請，以資迅捷。
6. 到達大陳上空飛機能遵規定，先與空運連絡官電台連絡，且能服從其指導。
7. 且戰鬥全期，三軍異常合作，且在服行任務時表現尤佳。
8. 當我艦隊主力北上攻擊匪艦時，只留寶應艦一艘在三門灣附近，單獨對匪十一艘砲艇作戰，寶應艦長指揮有方，全體官兵沉著應戰，表現甚為良好。

（二）缺點

1. 情報工作人員訓練不夠，報告內容不合要求，此次只有登陸地點而未有登陸兵力，致判斷處置均有困難。
2. 在有情況時，一架偵察機搜索難期周密。
3. 無線電報太慢，對我海軍艦艇位置不能適時控制。
4. 在戰場附近各前進島嶼，因無 TACP，對空軍無法指示目標，致此次誤炸我方控制島嶼（頭門）。

5. 負責巡邏鯁門、頭門間之艦艇，在三月十七日晚十八日晨，對活動於鯁門島附近之多數匪砲艦，始終未能發現，殊屬遺憾。

6. 對匪大陳各情報單位情報人員，無派遣統一辦法，致內調局工作人員，此次為匪捕去，對我方軍事機密難保不有洩露。

7. 未能及時攝取我海空軍擊傷匪艦照片，致無法證實我所獲得之戰果。

8. 當戰事正在激烈進行中，駐大陳雷達竟於 1400-1500 照常例停止工作，致飛到三門灣之匪機行動未能控制。

9. 我帶彈飛機因無戰鬥性能較優飛機掩護，致不得不中止轟炸匪艦任務。

10. 外島對海軍在近距離雖可用視號通訊，但在遠距離則無通信工具，無法直接連絡影響協同作戰。

11. 駐大陳電信偵察台，自三月十六日因調整測向儀器，停止工作數日之久，致對匪軍船舶行動，僅賴有限之目視觀測，自難周密控制。

12. 國防部規定三軍統一使用之廿五萬 ADG 座標圖，海空軍使用不便，致作戰時殊感困難。

五、結語

1. 大陳及外圍各島，以距匪海空軍基地太近，隨時均有發生戰事可能，且亦難保不因為一小戰鬥而引起匪我空海軍之決戰，大陳以離我空軍基地太遠，且來陳服行任務之我飛機性能，並不如匪軍，空權岌岌可危，無空權即無海權，在上次大戰已有不可磨滅之事實，故應如何加強我上下大陳間港灣防空實力，及如何爭取大陳空權均為亟須解決之

問題。

2. 有關空援申請，空軍作戰司令部與本部早有協議，除規定
應使用空援申請規定表格，及應用台防總部所頒密語外，
其餘一律無效。本部於三月十八日 0830 致空軍作戰司令
部之寅巧 0830 三電，不過在告知此間所發生之新情況，
希能轉告十七日預行申請轟擊積谷山之飛機，以轉移攻擊
目標（匪砲艇）而已。正式申請僅有一次，即係根據海軍
崔司令所報在匪艦中已發現有長治型艦而請求空援，以協
助海軍之攻擊。在空援申請中，一切均甚順利，惟以無專
台設立，故對空援申請不無費時，及有濫用申請之弊。

3. 通信方面：

（1）除在檢討（二）之 3、10 兩項意見外，查自三月十八
日匪我空、海軍戰鬥後，匪方對所有艦艇波長呼號均
已澈底施以大更換，逼使我方必須重新進行判定工
作，此項措施可供參考。

（2）大陳方面電訊偵查工作，猶待加強，以期能確實控制
匪方行動。

（3）據海軍通信參謀報稱，此次戰役因海空陸空 VHF 均
使用 A 波段，致相互干擾，通信困難。

附圖一　戰鬥前匪我一般態勢圖（四十三年三月十七日）

附圖二　大陳區海空軍偵察巡邏區域圖般態勢圖
（四十三年三月十七日）

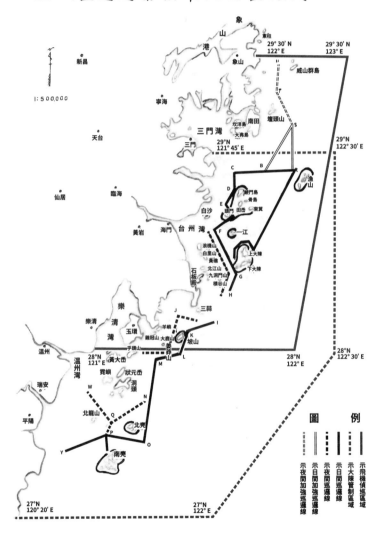

附表一　當面匪海軍艦艇每月活動艘數比較表

年月 活動數 地區原有數		四十二年				四十三年		
		九月	十月	十一月	十二月	一月	二月	三月 1-17 日
舟山	軍艦 4	2	2	4	2	2	2	2
	登陸艇 10				8	13	7	6
	炮艇 12	5	5	4	9	4	9	9
	機帆船 30				12		7	
象山	軍艦	1	1	2	2	1	1	1
	登陸艇	2	3		2	4		
	炮艇 12	5	3	4	5	5	4	3
	機帆船 17	10	8	9	7	1	2	
海門	軍艦	1	1	2		1	1	1
	登陸艇 12	4	4	2	5	4	8	9
	炮艇 12	8	10	10	6	5	4	7
	機帆船 19	3	11	12	7	4	17	17
溫州	軍艦	1	2	1		2		1
	登陸艦 10	8	6			4	8	
	炮艇 16	14	10	17	2	5	10	4
	機帆船 34	20	28	20	3	4	11	5
總計 188		84	94	87	70	59	91	65

附表二　大陳防守區最近本年鹵獲匪船統計表

（42 年 9 月 - 43 年 3 月）

月日	區分	所獲匪船			鹵獲人員	所載物資	鹵獲地點	鹵獲單位
		數量	漁船	名稱				
42 年 9 月	8	2	帆船	黃合興 劉哈利	11	紅白糖 花生米	白沙	雅龍艦
	11	1	大帆船	王興海	5	玻璃	洞頭	長江艇
	17	1	漁船		4	木材 偽幣	北澤東	黃埔艦
	19	1	大帆船	林再發	10	桂圓 紅糖	鰲江口	臨海艇
	26	1	帆船	小尖頭	7	木材 木炭	白帶門	永豐艦
	26	2	帆船	永和興 蔡聯益	23	木材 橄欖	白沙	東海艇
	28	3	帆船	金永興 美利	27	木柴	披山洋	永順艇 遠征艇 藍天使艇
	29	2	帆船	金寶源	30	明礬	白帶門	漁奧艇 凱旋艇

區分 月日	所獲匪船 數量	漁船	名稱	鹵獲人員	所載物資	鹵獲地點	鹵獲單位
10月 4	4	漁船		16		三門灣	永豐艦
6	1	大帆船	高順發	12	魚鰵	大目洋	天瑞艇
23	1	帆船	高三泰	12	桂圓	白沙洋	臨海艇
27	1	帆船	金源順	5	木材	白沙洋	公字二號義安艇
29	1	帆船	李協發	5			突擊艇
11月 21	2	帆船	陳順益	18	明礬桂圓	琵琶山	臨海艇
29	1	帆船			樹松木圓	大驥山	突擊艇
29	1	帆船		5	棉花	白沙	長江艇
12月 12	2	帆船	小紅頭	12	白菜	白帶門	臨海艇
13	1	帆船	同協利	4	木板土碗	白帶門	
15	1	帆船	勝得利		菸梗木板	白帶門	凱旋艇
20	1	帆船		6	木材	白帶門	長江艇臨海艇
26	1	帆船		7	木材	白帶門	天瑞艇臨海艇
43年1月 14	1	帆船	金洪利	14	毛竹麻袋	石塘	臨海艇
17	1	帆船	金聚利	8	明礬	白帶門	長江艇天瑞艇
30	1	帆船	新廣盛	10	木材	白帶門	臨海艇
30	1	帆船	福生	8	地瓜乾		東海艇
3月 8	1	帆船	金合利	10	木炭晉丁	白沙	臨海艇
17	5	帆船	孫作漢等	27	甘蔗溧粉等	飛雲江口	天瑞艇凱旋艇
合計	35	帆船		296名		白沙門白沙石塘飛雲江口	機艇34艘次軍艦5艘次
	5	漁船					
	1	機船					

備考
1.四十二年九月廿九日鹵獲金寶源號匪船一隻被風吹沉沒。
2.四十三年十二月月二十日鹵獲匪船乙隻已沉沒。

附表三　大陳區三月份空軍偵巡架次統計表

（3月1日‐17日）

日期	兵力								合計
	F84		F51		F47		P4Y		
	批	架	批	架	批	架	批	架	架次
1					1	2	1	1	3
2							1	1	1
3					1	2	1	1	3
4					2	4			4
5									
6									
7							1	1	1
8					2	4	1	1	5
9							1	1	1
10									
11							1	1	1
12									
13									
14									
15							2	2	2
16					2	4	2	2	6
17							2	2	2

附記：
一、三月份截至十七日止偵巡機按規定應出動 P4Y 十七批十七架，F47 三十四批六十八架，共五十一批八十五架。
二、因天氣影響，共出動 P4Y 十三批十三架，F47 八批十六架，共二十一批二十九架，尚有三十批五十六架未能出動。
三、偵巡地區包括大陳管制區及當面匪沿海各主要港灣。

● 國防部代參謀總長彭孟緝呈報檢討大陳撤運得失進行辦法及日期（民國44年2月16日）

事由

一、為檢討此次大陳撤運之得失功過與經驗教訓，經飭依左列辦法進行檢討：

　　（一）本（二）月十四、十五、十六日（星期一、二、三）由海、空軍，大陳防衛部及第四十六師，舉行各別檢討。

　　（二）本部定本（二）月十七日（星期四）下午二時三十分至五時三十分，在國防部兵棋室召集各有關單位舉行綜合檢討。

二、擬於本週星期六（二月十九日）上午十時（較平時提早一小時）軍事會談中向鈞座分別報告，其報告次序及時間擬定如次：

空軍	陳司令嘉尚	報告十分鐘
海軍	劉司令廣凱	報告二十五分鐘
大陳	劉司令官廉一	報告二十五分鐘
		休息十分鐘
後勤（含民政）	賴次長名湯	報告十五分鐘
作戰	羅次長列	報告十五分鐘

三、謹請鑒核。

謹呈總統

　　　　　　　　　　　　　　　職彭孟緝呈

原件提呈核

　　本簽為於二月十九日（星期六）上午十時軍事會談時間報告大陳撤運之得失功過與經驗教訓。謹註。

　　擬復悉。本府第二局局長擬請准列席旁聽，俾利業務連繫密切。可否？乞核示。

職孫立人呈

二月十六日

如擬。

蔣中正印

二、十七

● 國防部呈復對前南麂守備區指揮官趙霞所呈「自大陳設防迄南麂撤守軍事檢討報告書」審查辦理情形（民國44年6月3日）

一、四十四年四月二十二日台統（二）璘字第〇四一〇號代電奉悉。

二、謹檢呈本部對前南麂守備區趙指揮官所呈「自大陳設防迄南麂撤守軍事檢討報告書」審查意見如附表。恭請鑒核。

謹呈總統

附件　國防部對前南麂守備區指揮部軍事檢討報告書審查意見表

原報告書之大意		審查意見
區分	內容提要	
一、大陳設防精神上之缺憾	1.三軍聯合作戰體制無法配合： 大陳防衛部作戰體制，雖就三軍聯合作戰著眼，但自匪機南侵後，對空中與海上優勢，我即無力爭制，影響一江戰鬥失於支援。 2.美式戰術思想，影響大陳防務，崇尚火力，講求物質，而忽於工事之加強，堡壘要塞之形成，至無堅可守，不能屹立應戰。 3.純守勢作戰，欠主動攻擊精神： 大陳從未能採取較大規模之突擊行動，空軍亦僅拘限於沿海島嶼，致使匪軍從容集結，無法招架。	（一）目前我空軍兵力有限，均駐在台灣本島，支援大陳距離較之匪空軍遠達數倍，且我空軍以僅少兵力，擔任防衛台灣，支援外島，偵防大陸，服行任務繁多，故在原則上應求集中使用，避免分散兵力，始期有效，而不能以固定兵力，運用於區域作戰，此實乃限於劣勢空軍之運用，非三軍聯合作戰體制之無法配合。 （二）現代聯合作戰，海空關係尤其密切，在海島作戰不能制空，即無法制海矣。 （三）大陳工事，限於國家財力物力與運輸困難，故未能如計劃迅速完成，惟其重要骨幹之核心陣地，已大部構成，尚敷應戰之用。 （四）大陳地區對實施海上較大規模之突擊行動一案，大陳防衛部雖曾訂有計劃，但迄未付實施，係屬事實。
二、南麂不能事先設防實為失策	大陳因距離台灣基地過遠，海空支援不易，宜速設防南麂，修機場，築港口，利用南麂支援大陳，保有彈性和縱深。	（五）同（一）、（二）。
三、士氣分析	1.國軍美式裝備後不少幹部革命精神反形低落： 受美軍物質觀念之影響，崇尚武器，計算火力，以物質為標準，我國軍固有之堅苦奮鬥大無畏之革命精神，反形暗淡。 2.現行人事政策，似難完滿適應當前作戰要求： 目前人事制度一切重資歷、學歷、法規，寖假而各級幹部以佔高階及出洋求學為職志，對本位工作反視為進身之階，即有一二刻苦自持，不計名位者，亦格於制度不能重用。	（六）國軍部隊及各軍事學校，今後應繼續加精神教育，講求革命戰術，激勵官兵奮發以圖自強，祛除物質觀念與依賴心理，但對新式器之運用及科學精神之發揮，應使與革命精神凝為一體。 （七）現行經歷管理之計劃調任，其著眼在注重成績、能力、學術、品德四者，為選拔幹部之標準，並非專重學經歷，待經管制度實施後，以往人事制度之缺點，當可消除。 （八）游擊部隊仍計年資，至其階級，因人員複雜，暫時難以確定，一俟納入員額，即可依法核定階級，受訓機會，亦同時解決。 （九）目前受訓員額以部隊為重，以陸軍參校正六期為例，部隊佔60%，機關佔40%，並以部隊前方為優先。

原報告書之大意		審查意見
區分	內容提要	
三、士氣分析	3. 同等任務兩種待遇：救國軍與國軍待遇不一致，無加給，無階級，不算年資，無受訓機會，頗具影響。 4. 前方不及後方： A. 考績劣等幹部派往前方。 B. 不堪使用之落後武器運送前方。 C. 受訓機會後方優先。	（十）外島官兵副食早經改善，增發戰時加給魚肉各一市斤。至於外圍島嶼，又另增發特別魚肉各一市斤。近又奉准增加鹽酸菜二磅，水菓費五元。 （十一）美援個人裝備分配，以外島為第一優先。 （十二）支援外島武器，本部已盡最大努力，但限於國家物力，供應或尚有不及。 （十三）美援新式武器，優先分配外島，為本部既定政策。 （十四）受訓前方優先，見（九）。
四、有關作戰之建議	1. 外島守備，在精神必須獨立固守： A. 縱無海空支援，陸軍仍能有獨立作戰之打算。 B. 賦予充分足用之兵力。 C. 完成坑道及永久性之堡壘工事。 D. 增強對海對空火砲。 2. 外島守備在戰術上必須主動積極。不斷實施突擊，集中力量打擊匪軍，粉碎其攻擊企圖。	（十五）本部同意所陳原則，並正加強實施中。 （十六）本島已曾指示金、馬外島部隊，加強實施。
五、有關人事任用之建議	1. 用真才，作真事，活用法令，選拔忠貞，標榜新人。 2. 學校優秀員生，優先調派前方。 3. 加強統帥權威與戰鬥軍紀之建立。 4. 戰場統帥或戰役指揮官之選擇，均須以堅強而有氣魄者始足充任	（十七）本部人事任用，係以品學能力及專長為主，及考績為基準，並非拘於資歷，所謂標榜新人，現任青年之團師長即為實例。 （十八）外島與本島部隊（機關人員）早已實施輪調辦法。 （十九）人事任用以戰功為主，在任官條例施行細則第十九條已有規定，可不受停年限制。 （二十）對高級指揮官之任用，已照（42）特貳號令頒標準，除審查其考績（服務成績）、學歷、經歷、儀表、體格、受訓評語外，並注重其應具備之統馭能力與作戰經驗，選報充任。
六、有關後勤之建議	1. 待遇應以前方為第一。 2. 新式武器以優先使用於前方。	（二十一）見（十）、（十一）、（十二）、（十三）各條。

◎ 總統府第二局呈參軍長代批復悉有關前南麂守備區指揮官趙霞
　 所呈「自大陳設防迄南麂撤守軍事檢討報告書」（民國 44 年
　 6 月 9 日）

一、查前南麂守備軍指揮官趙霞中將呈總統「自大陳設防迄南麂
　　撤守軍事檢討報告書」乙份，經孫祕書移送到府後，經呈奉
　　鈞座代批，飭國防部審查具報。茲據呈復如本件。
二、復查自大陳完成轉進，國防部曾遵總統指示，舉行檢討會，
　　羅次長於軍事會議中，亦曾呈片斷報告，趙員所陳報告書各
　　節，呈者已另擬呈專案呈報，呈者已力加改進，對金馬外島
　　正全力加強防衛設施中，本件似可仍請代批復悉。當否？敬
　　乞核示！
呈參軍長核。

民國史料 88

冷戰下的國軍游擊隊——
反共救國軍（上）

ROC Guerrillas in Cold War :
The Anti-Communist National Salvation Army
- Section I

主　　編　林桶法
總 編 輯　陳新林、呂芳上
執行編輯　林育薇
封面設計　溫心忻
排　　版　溫心忻
助理編輯　林熊毅

出　　版　🛡 開源書局出版有限公司

　　　　　香港金鐘夏慤道 18 號海富中心
　　　　　1 座 26 樓 06 室
　　　　　TEL：+852-35860995

　　　　　❀ 民國歷史文化學社 有限公司

　　　　　10646 台北市大安區羅斯福路三段
　　　　　　　37 號 7 樓之 1
　　　　　TEL：+886-2-2369-6912
　　　　　FAX：+886-2-2369-6990

初版一刷　2024 年 3 月 31 日
定　　價　新台幣 450 元
　　　　　港　幣 116 元
　　　　　美　元　17 元
I S B N　978-626-7370-74-2
印　　刷　長達印刷有限公司
　　　　　台北市西園路二段 50 巷 4 弄 21 號
　　　　　TEL：+886-2-2304-0488

http://www.rchcs.com.tw

國家圖書館出版品預行編目 (CIP) 資料
冷戰下的國軍游擊隊：反共救國軍 = ROC
guerrillas in Cold War : the anti-communist
national salvation army/ 林桶法主編 . -- 初版 . --
臺北市：民國歷史文化學社有限公司, 2024.03

　冊；　公分 . -- (民國史料；88-89)

ISBN 978-626-7370-74-2 (上冊：平裝). --
ISBN 978-626-7370-75-9 (下冊：平裝)

1.CST: 國民政府遷臺 2.CST: 中華民國史

733.292　　　　　　　　　　113002998